Männerrituale in Übergangssituationen

Daniel Wiederkehr

Männerrituale in Übergangssituationen

Bibliografische Information der Deutschen Nationalbibliothek:
Die Deutsche Nationalbibliothek verzeichnet diese Publikation in der
Deutschen Nationalbibliografie; detaillierte bibliografische Daten
sind im Internet über http://dnb.dnb.de abrufbar.

© 2016 Daniel Wiederkehr

Umschlagphoto: Stephan Keller, maenner-initiation.ch
Cover: Annekäthi Aerni

Herstellung und Verlag: BoD – Books on Demand, Norderstedt
ISBN: 978-3-7392-1686-7

Inhaltsverzeichnis

Jedes Wort im Titel dieser Arbeit hat für mich programmatische Bedeutung. So möchte ich anhand der drei Schlüsselwörter „Männer", „Rituale" und „Übergangssituationen" das Feld abstecken, auf welchem dieses Forschungsprojekt entstanden ist.

Männer. Auf meinem eigenen Weg habe ich in den letzten Jahren gemerkt, dass ich die Sorge für mein persönliches Wohlbefinden nicht länger an Frauen – ob Mutter, Ehefrau oder Partnerin - delegieren möchte. In einer Männergruppe und im Zusammensein mit Freunden habe ich seither erlebt, wie bereichernd der persönliche Austausch mit Geschlechtsgenossen sein kann. Es gelingt mir im Kontakt mit andern Männern besser, mit ihnen verbunden zu sein, ohne mich selber zu verlieren. Deshalb gehe ich mit Überzeugung davon aus, dass der genderspezifische Weg ein guter Weg ist, um Übergangssituationen zu gestalten.

Rituale. Sie stehen für meinen derzeitigen Ort auf dem spirituellen Weg. Meine Spiritualität konzentrierte sich früher vor allem auf die meditative Durchdringung geistlicher Texte, was ja schliesslich auch das Herzstück evangelisch-reformierter Spiritualität ausmacht. Durch eine spirituelle Erfahrung im schamanischen Bereich wurde ich meiner katholischen Herkunft wieder bewusster, wo Rituale für den einzelnen als auch für die gottesdienstliche Gemeinschaft einen wichtigen Stellenwert haben. Ich gehe davon aus, dass sie geeignet sind, Übergangssituationen ganzheitlich – mit Kopf, Herz und Hand – zu durchleben.

Übergangssituationen. Last but not least geht es in dieser Arbeit um Übergangssituationen, die gegangen und gestaltet werden möchten. Ich selber bin 55 Jahre alt und stehe am Anfang einer neuen Reise bezüglich Partnerschaft und Beruf. Dieser Anfang möchte sorgfältig gestaltet sein. Nach dem Frankfurter Rabbiner Shlomo Raskin habe jeder Mensch von seiner Geburt bis zum Tod 42 Stationen zu durchleben und jeder bedeutende Einschnitt im Leben sei eine Station, an der eine neue Reise beginne.[1] Insofern gehören Übergänge also selbstverständlicher zu unserem Leben als wir uns dies vielleicht bewusst sind. Ob die vorliegenden Einsichten, entstanden durch die Beschäftigung mit meiner Krise „in der Mitte des Lebens" auch auf andere kritische Übergänge übertragbar sind, muss sich noch zeigen. Mein Anliegen jedenfalls ist ein spiritueller Umgang mit Krisen, bei welchem sich der Mensch – genauer der Mann – möglichst ganzheitlich und sinnstiftend auf die neue Herausforderung einlassen kann.

Mit dieser Masterarbeit bedanke ich mich bei den Männern, mit welchen ich für mich wegweisende Erfahrungen machen durfte; wohl verstanden, auf dem Weg dazu waren auch Frauen beteiligt. Ihnen fühle ich mich ebenfalls sehr verbunden.

---

[1] Vgl. Ajnwojner Susi (Hsg.), Raskin Shlomo. Viel habe ich von meinen Lehrern gelernt und noch mehr von meinen Schülern, Basel 1997, 28

1. Zielsetzung der Arbeit

Es kommt vor, dass Männer im besten Alter – für ihr Umfeld manchmal ziemlich unerwartet - mit sich und ihrem Lebensentwurf unzufrieden werden. Sind sie dazu noch in der Lage, nehmen sie ihr Schicksal in die eigenen Hände und versuchen ihr Leben nach ihren Vorstellungen zu verändern, zum Beispiel indem sie eine neue Stelle suchen, ihre Partnerin verlassen oder anderes über Bord werfen, was sich für sie nicht mehr als stimmig anfühlt. Manchmal sind sie dazu aber nicht mehr in der Lage, und das Leben ergreift die Initiative: Sie verlieren ihre Stelle, die Frau zieht aus, oder die Kinder kehren ihrem Vater den Rücken zu. Dies lässt in den Männern Gefühle von Ohnmacht und Orientierungslosigkeit zurück. Es stellt sich die Frage, ob es Wege und Möglichkeiten gibt, wie die Kirche Männer in solchen Situationen unterstützen kann. Mit Erstaunen habe ich zu Kenntnis genommen, dass zu Beginn dieses Jahres aus Spargründen die Stelle für Männerarbeit der evangelisch-reformierten Landeskirche des Kantons Zürich abgeschafft worden ist , obwohl in der „reformierten presse" über Wochen die Gefahr einer schleichenden Feminisierung der Kirche beschworen wurde, und es für viele eine drängende Frage ist, wie Männer durch die Kirche wieder stärker angesprochen werden können. Natürlich ist es nicht im Vornherein gesagt, dass Männerarbeit dazu das bestmögliche Mittel ist.
In einem ersten Schritt suche ich dem Phänomen, welches in der Umgangssprache als „Midlife-Krise" bezeichnet wird, aus entwicklungspsychologischer, soziologischer und spiritueller Sicht auf die Spur zu kommen. Dem sind die Hauptkapitel 2 bis 4 gewidmet. Diese werden zeigen, welche Herausforderungen im Leben zwischen vierzig und fünfzig zu bewältigen sind

(Kapitel 5). Im 6. Kapitel stelle ich unterschiedliche Unterstützungsansätze aus der Männerarbeit vor. In einem abschliessenden 7. Kapitel frage ich nach den pastoralen Konsequenzen. Diese Forschungsarbeit erfolgt im Rahmen des Lehrgangs „Christliche Spiritualität" der Universität Fribourg und des Lassalle-Hauses Bad Schönbrunn, welchen ich in den Jahren 2013-15 absolviert habe. Mein Ausgangspunkt ist eine christliche Spiritualität, welche darum bemüht ist, sich von den Heiligen Schriften des Alten und Neuen Testaments inspirieren zu lassen und die darauf baut, dass Gott seine Schöpfung und den einzelnen Menschen im Heiligen Geist durchdringt und leitet. In Kapitel 5.6. werde ich darauf eingehen, welchen Beitrag gerade eine christliche Spiritualität in den Übergangsprozessen des Lebens zu leisten vermag und wo deren Grenzen liegen, wenn es darum geht, Männer in ihrem Menschsein zu begleiten.

Die Studie fokussiert auf die Gestaltung von Lebensübergängen von Männern. Deshalb wird die männliche Sprachform verwendet, auch wenn viele der beschriebenen Phänomene für die Entwicklung von Frauen genauso gelten.

Sowohl die entwicklungspsychologischen als auch die soziologischen Faktoren, welche mit Transformationsprozessen in Verbindung gebracht werden, betreffen Mann und Frau. Gleichwohl wird die Midlife-Krise immer noch eher mit Männern in Verbindung gebracht. Dass dem nicht immer so ist, zeigen schon die Praxisbeispiele von Pasqualina Perrig, welche unter 2.1.1. aufgeführt sind. Gleichwohl soll die Frage bedacht werden, was es denn ausmacht, dass die Midlife-Krise Männern auf den ersten Blick eher zu schaffen macht als Frauen (siehe 5.4.).

2. Die Midlife-Krise aus entwicklungspsychologischer Sicht

Bevor wir uns Gedanken machen, welche Rituale für Männer im mittleren Lebensalter hilfreich sind, gilt es zu verstehen, was den Männern aus entwicklungspsychologischer Sicht im Alter zwischen 40 und 60 widerfährt. Dabei besteht unter den Fachleuten keineswegs Konsens, ob diese Widerfahrnisse sachgerecht als Krise zu bezeichnen sind. Deshalb wählen wir den Weg, dass am Anfang dieses Kapitels das Phänomen rein empirisch eingefangen wird (2.1.). Dann werden Modelle vorgestellt, die helfen, das Phänomen einzuordnen (2.2.). Ein drittes Unterkapitel beschäftigt sich mit dem Begriff der Krise und setzt diesem jenen der Transition gegenüber (2.3.). Normalerweise denkt man zunächst einmal an die Männer, wenn das Stichwort „Midlife-Krise" auftaucht. Dabei legen gerade die entwicklungspsychologischen Entwicklungen der Frau nahe, dass auch beim weiblichen Geschlecht in dieser Lebensphase wichtige Entwicklungen stattfinden. Diese möchten wir in den drei ersten Unterkapiteln ebenfalls im Blick behalten. Das vierte Unterkapitel beschränkt sich dann auf die Beschreibung der konkreten Symptome und Auswirkungen in Bezug auf den Mann (2.4.) und versucht darauf zu antworten, in wiefern sich die Situation des Mannes von der der Frau unterscheidet.

2.1. Die Beschreibung des Phänomens

2.1.1. Beispiele

Walter von Hollander beschreibt in seinem schon 1938 erschienenen Buch[2] Biographien berühmter Männer und ortet darin ein krisenhaftes Ereignis bzw. eine krisenhaften Lebensspanne nach deren vierzigstem Geburtstag:

- So habe Robert Schumann mit 43 seine Stellung als Musikdirektor wegen anhaltender Depressionen aufgegeben und mit 44 einen Suizidversuch gemacht.
- Clemens Brentano sei mit 37 katholisch geworden und habe die Nonne Katharina Emmerick kennengelernt. Darauf habe er alle Bücher verkauft, sich von seinen Freunden getrennt und sechs Jahre am Krankenlager der Nonne verbracht, um deren Visionen aufzuzeichnen.
- Martin Luther habe schliesslich mit 37 seine wichtigen Schriften geschrieben und mit 42 seine spätere Frau Käthe geheiratet.[3]

Pasqualina Perrig fügt diesen historischen Beispielen biografische Widerfahrnisse heutiger Zeitgenossen an[4]:

- Ein unbescholtener Familienvater, von Beruf Professor, oute sich mit 45 als schwul. Er verlasse Job und Familie und wandere nach Australien aus.
- Ein treu sorgender Familienvater verliebe sich mit 48 in eine Frau, die zwanzig Jahre jünger ist. Ihretwegen verlasse er seine Familie.
- Eine passionierte Hausfrau und Mutter verlasse im Alter von 43 Jahren Mann und Kinder, um ihren lang geheg-

---

[2] Von Hollander, Der Mensch über vierzig
[3] Vgl. Perrig, In der Lebensmitte, 30
[4] Vgl. Perrig, In der Lebensmitte, 31

ten Berufswunsch, Juristin zu werden, zu verwirklichen. Diesen habe sie zuvor über Jahre verdrängt gehabt.

Ob bei historischer Prominenz oder heutigen Zeitgenossen: offenbar zeichnet sich im Alter von 40 bis 50 Jahren eine unerwartete Entwicklung ab, die – zumindest für Aussenstehende – irgendwie nicht mit dem zusammenzupasst, das diese Personen zuvor gelebt haben. Während die Entwicklung im Fall von Robert Schuhmann eindeutig pathologische Züge aufweist, muss dies im Fall von Brentano und Luther nicht unbedingt der Fall gewesen sein. Die Konversion Brentanos sowie sein neu entflammtes Interesse am Seelenleben der Nonne können durchaus als stimmige Entwicklung seiner Persönlichkeit gedeutet werden. Erst recht ist dies bei Luther der Fall. Bei ihm lässt sich seine Heirat geradezu als logische Konsequenz seiner geistigen Entwicklung interpretieren.
Die drei Beispiele heutiger Zeitgenossen lassen sich aufgrund der wenigen bekannten Fakten kaum wirklich bewerten. Zumindest im Fall des Professors und jenem der Frau, die sich ihren lang gehegten Berufswunsch erfüllt, hat man den Eindruck, dass die biographische Veränderung die Frucht eines längeren inneren Prozesses darstellt und sich so irgendwie stimmig anfühlt. Freilich stellt sich die Frage, ob es für die Familienfrau keine Möglichkeit gegeben hätte, ihren Berufswunsch und ihr bisheriges Familienleben besser auf einander abzustimmen. Beim 48 jährigen Mann ist man vermutlich ein wenig skeptischer, denn niemand weiss, wie lange dessen Verliebt Sein andauern wird. Aber auch da könnte es durchaus sein, dass sein Ausbrechen aus Familie und Partnerschaft einer berechtigten inneren Logik folgten. Auf jeden Fall sind solche Entwicklungen für die Betroffenen selber nicht leicht umzusetzen und für ihre Angehörigen und Freunde in den meisten Fällen schwer nachzuvollziehen. Insofern ist es nachvollziehbar,

dass manche im Zusammenhang mit solchen Phänomenen von Krisen sprechen.

Das mittlere Alter sei eine Zeit der Veränderungen, der gewollten und der ungewollten. Zeiten der Veränderung könnten verunsichern und verletzlich machen.[5] Interessant ist, dass „die Lebenszufriedenheitskurse im Altersgruppenvergleich u-förmig ist, und zwar mit einem Tiefpunkt in den mittleren Jahren."[6] Auch dieser Befund zeigt, dass die Lebensspanne zwischen 40 und 50 für die Seele anspruchsvoller ausfällt, als dies bekannt zu sein scheint, geht man doch gemeinhin davon aus, dass das Leben in ruhigeren Wassern verläuft, wenn sich Menschen beziehungsmässig und beruflich etabliert haben.

2.1.2. Eine zweite Pubertät?

„ ,Er befindet sich halt in der zweiten Pubertät', wird achselzuckend und vielsagend die Tatsache quittiert, dass ,mann' eine Harley-Davidson erstanden und den Job hingeschmissen und eine längere Weltreise alleine angetreten hat."[7]

Die Pubertät bezeichnet gemeinhin den Entwicklungsschritt vom Kind zum Erwachsenen. Dabei geht es darum, dass eine Person zu ihrer Identität als Erwachsener findet. Dieser Entwicklungsschritt wird durch hormonelle Veränderungen gesteuert und untersützt.

Geht man davon aus, dass die durchschnittliche Lebenserwartung heute bei 80 bis 90 Jahren liegt, kann im Alter zwischen 40 und 50 die Lebensmitte angenommen werden. In diesen Jahren stehen bei Mann und Frau ebenfalls hormonelle Veränderungen an (siehe Kapitel 2.4.) und es geht darum, die Identität auf einer neuen Ebene weiterzuentwickeln. Insofern bestehen also durchaus Analogien zur Pubertät: „Geht es in der Pubertät um

---

[5] Vgl. Perrig, In der Lebensmitte, 142
[6] Perrig, In der Lebensmitte, 142
[7] Perrig, In der Lebensmitte, 143

die Findung und Definition einer Identität als Erwachsener, steht beim Übergang in die zweite Lebenshälfte eine Neudefinition der Identität (körperlich, psychisch und sozial) als erfahrene, reife Person an. Ist die Identitätsfindung in jungen Jahren dadurch gekennzeichnet, sich sozial und gesellschaftlich zu verorten (ein nach aussen gerichteter Prozess), geht es bei der Neudefinition der Identität in den mittleren Jahren darum, die bisherigen Bemühungen wieder in Relation zu setzen zu den eigenen Bedürfnissen und ursprünglichen Lebensplänen und Zielsetzungen, mit dem Erreichten und dem Künftigen (also ein nach innen gerichteter Prozess)."[8] Welche Blüten diese „zweite Pubertät" treiben kann, wurde im vorangehenden Unterkapitel bereits deutlich. Im Vergleich dazu muten einem die Harley-Davidson und die Weltreise geradezu noch harmlos an. Aber genauso wie man bei pubertierenden Jugendlichen ob all ihrer Verrücktheiten vergisst, was in ihnen drin abgeht, so ist dies auch bei den „Mittelalterlichen" der Fall. Eine Harley-Davidson ist dann mehr als ein dröhnendes, die Umwelt verschmutzendes Ungetüm, sondern häufig Ausdruck eines lange gehegten Bubentraumes. Ähnlich dürfte es sich mit der Weltreise verhalten. Vielleicht ist sie nur der Versuch, den Routinen des Alltags für eine gewisse Zeit zu entkommen, um wieder besser zu spüren, wer man ist und was man will.

2.2.   Modelle

Die spezifischen Phänomene, welche sich im Leben des Erwachsenen zwischen 40 und 50 Jahren abspielen, sind nicht von einer komplett anderen Textur als es die anderen Entwicklungsschritte auch sind. So ist es das Verdienst von Carl Gustav Jung, die erste Lebenshälfte als Aufstiegsbewegung und die zweite Lebenshälfte als Abstiegsbewegung darzustellen,

---

[8] Perrig, In der Lebensmitte, 143

welche durch Vertiefung und Verinnerlichung gekennzeichnet ist. Erik H. Erikson geht es darum zu zeigen, dass die Entwicklung der menschlichen Identität bereits im Kindesalter beginnt und im mittleren Lebensalter zu ihrem Abschluss kommt. Dem Stufenmodell Levinsons kommt das Verdienst zu, das Erwachsenenalter in nachvollziehbarer Weise zu gliedern.[9]

2.2.1. Carl Gustav Jung: Die zwei Hälften des Lebens

Gemäss C. G. Jung (1875-1961) schreitet der Mensch auf seiner Lebensbahn in der ersten Hälfte aufwärts bis zum Zenit. Dabei gehört die gesellschaftliche Verankerung zu den primären Aufgaben der ersten Lebenshälfte. Es gehe darum, eine eigene berufliche und familiale Existenz aufzubauen, eine stabile gesellschaftliche Position zu erlangen und ein eigenständiges Individuum zu werden. Damit verfüge der Mensch am Zenit seines Lebens über eine gut funktionierende Persona. Persona ist das lateinische Wort für Maske; sie ermögliche es dem Menschen, auf der Bühne des Lebens eine akzeptable Rolle zu übernehmen. Während es in der ersten Lebenshälfte also primär um eine Zunahme von Selbst- und Umweltkontrolle gehe, so verschiebe sich die Lebensaufgabe ab der Lebensmitte: Nun dränge es den Menschen nach einem vertieften Bewusstsein seiner selbst und nach Ganzwerdung seiner Persönlichkeit. Deshalb würden auch die spirituellen Fragen an Bedeutung gewinnen. Wertvoller als das ‚Welttheater' sei nun der Aufbau einer guten Beziehung zum eigenen Selbst. Es ginge um Auseinandersetzung und Versöhnung mit dem, was bisher gelebt wurde, und dem, was ursprünglich als Lebensziel intendiert gewesen war.[10]

---

[9] Vgl. Perrig, In der Lebensmitte, 28
[10] Vgl. Perrig, In der Lebensmitte, 25

2.2.2. Erik H. Erikson: Acht psychosoziale Krisen entlang des Lebens

Erik H. Erikson (1902-1994) versteht die menschliche Entwicklung als einen Prozess, der während des ganzen Lebens eines Individuums andauert und der in einen vielschichtigen sozialen bzw. gesellschaftlichen Kontext eingebettet ist. Die Entwicklung der menschlichen Identität entfalte sich im Spannungsfeld zwischen individuellen Bedürfnissen und der personalen und dinglichen Umwelt. Innerhalb seiner Entwicklung durchlaufe der Mensch phasenspezifische Krisen und Konflikte, welche durch die Konfrontation mit den gegensätzlichen Anforderungen und Bedürfnissen ausgelöst würden. Hierbei bezeichne Krise nicht etwas Negatives wie der Begriff in der Umgangssprache dies tut, sondern – anknüpfend an den Begriff ‚krisis‘ aus der altgriechischen Medizin – jenen entscheidenden Moment, in welchem die Entwicklung entweder einen positiven Verlauf nimmt oder ansonsten misslingt.[11]

	Psychosoziale Krisen	Beziehungspersonen	Psychosoziale Modalitäten
I	Vertrauen <> Misstrauen	Mutter	Gegeben bekommen, Geben
II	Autonomie <> Scham, Zweifel	Eltern	Festhalten Loslassen
III	Initiative <> Schuldgefühl	Familienzelle	Tun, Tun als ob‘ (= Spielen)
IV	Werksinn <> Minderwertigkeitsgefühl	Wohngegend Schule	Etwas ‚Richtiges‘ machen
V	Identität/Ablehnung <> ‚Identitätsdiffusion‘	‚Eigene‘ Gruppen, die anderen	Wer bin ich? Das Ich in der Gemeinschaft
VI	Intimität/Solidarität <> Isolierung	Freunde, sexuelle Partner, Rivalen	Sich im andern verlieren und finden

---

[11] Vgl. Perrig, In der Lebensmitte, 26

| VII | Generativität <> Selbstabsorption | Gemeinsame Arbeit, Zusammenleben in der Ehe | Schaffen Versorgen |
| VIII | Integrität <> Verzweiflung | ‚Die Menschheit' | Sein, was man geworden ist; wissen, dass man einmal nicht mehr sein wird. |

Abbildung 1: Diagramm zu den psychosozialen Krisen entlang des Lebens[12]

Die acht Krisen entlang der menschlichen Biographie beginnen gewissermassen mit dem ersten Lebensjahr eines Kindes. Hier gilt es, an der Schwelle zwischen Vertrauen und Misstrauen Ur-Vertrauen zu erlernen, was „eine auf die Erfahrung des ersten Lebensjahres zurückgehende Einstellung zu sich selbst und zur Welt"[13] meint. Diese und weitere Schwellenerfahrungen ermöglichen dem jungen Menschen das Einüben von Autonomie, Initiative, Werksinn und Identität. Während die ersten fünf Stadien im Kinder- und Jugendalter durchlaufen werden, geht es im Erwachsenenalter darum, Intimität und Abgrenzung durchzusetzen. „Aber erst nachdem ein einigermassen sicheres Gefühl der Identität erreicht ist, ist eine wirkliche Intimität mit dem anderen Geschlecht (wie übrigens auch mit jedem anderen Menschen und sogar mit sich selber) möglich."[14] Befriedigende Geschlechtsbeziehungen würden das Geschlechtliche weniger drängend und sadistische Ventile überflüssig machen.[15] Wer Intimität und Abgrenzung zu gestalten wisse, müsse sein krankes Ego nicht durch Selbstbezogenheit aufrecht erhalten. Dies ist die Aufgabe junger Erwachsener am Ende der Teenagerjahre. In der nächsten Entwicklungsstufe, die bis über die Zeit der Lebensmitte hinaus an-

---

[12] Vgl. Erikson, Identität und Lebenszyklus, 214
[13] Erikson, Identität und Lebenszyklus, 62
[14] Vgl. Erikson, Identität und Lebenszyklus, 114
[15] Vgl. Erikson, Identität und Lebenszyklus, 117

dauern kann, geht es um die Erziehung und Erzeugung der nächsten Generation.[16] Generativität beschränkt sich aber nicht allein auf die physische Zeugung von Nachkommenschaft. Jeder Mensch wird dieser Herausforderung gerecht, der die Anliegen einer künftigen Generation in sein Handeln einfliessen lässt. „Nur wer einmal die Sorge für Dinge und Menschen auf sich genommen hat, wer sich den Triumphen und Enttäuschungen angepasst hat, nolens volens der Ursprung anderer Menschenwesen und der Schöpfer von Dingen und Ideen zu sein – nur dem kann allmählich die Frucht dieser sieben Stadien heranwachsen. Ich weiss kein besseres Wort dafür als Integrität."[17] Unter Integrität versteht Erikson den krönenden Abschluss menschlicher Entwicklung. Ob diese bereits zwischen 40 und 60 erreicht werden kann, oder ob dazu noch einige Jahre mehr nötig sind, lässt er offen. Überhaupt beschränkt er sich in seinem Schema auf vage Altersangaben. Integrität bedeute, „die Annahme seines einen und einzigen Lebenszyklus und der Menschen, die in ihm notwendig da sein mussten und durch keine anderen ersetzt werden können. Er bedeutet eine neue, andere Liebe zu den Eltern, frei von dem Wunsch, sie möchten anders gewesen sein als sie waren, und die Bejahung der Tatsache, dass man für das eigene Leben allein verantwortlich ist. ... Mangel oder Verlust dieser aufgespeicherten Ich-Integration zeigt sich in Verzweiflung und einer oft unbewussten Todesfurcht an."[18]

Pasqualina Perrig verbindet mit dem mittleren Lebensalter vor allem die Herausforderung, Generativität zu erlangen. Auch wenn Erikson, die Möglichkeit in einem übertragenen Sinn generativ zu sein, miteinschliesst, und Männer weit über das fünfzigste Lebensjahr hinaus zeugungsfähig bleiben, sehe ich

---

[16] Vgl. Erikson, Identität und Lebenszyklus, 117
[17] Erikson, Identität und Lebenszyklus, 118
[18] Erikson, Identität und Lebenszyklus, 119

die Herausforderung und Aufgabe des mittleren Lebensalters mehr in der Integrität als in der Generativität. Aber letztlich sind alle Gaben geglückter Entwicklung für uns Menschen bedeutsam; Identität und Integrität sind gewissermassen deren Frucht. Diese Eigenschaften können einem aber im Zuge eines Umbruchprozesses ganz unerwartet abhanden kommen. Die persönliche Identität scheint plötzlich in Frage gestellt, Gleichheit und Kontinuität sind auch für andere plötzlich nicht mehr wiedererkennbar. Nach Erikson gehört aber – in Übereinstimmung mit Marie Jahoda (1950) – zu einer gesunden Persönlichkeit, dass diese ihre Umwelt aktiv meistert, eine gewisse Einheitlichkeit zeigt und imstande ist, die Welt und sich selbst richtig zu erkennen.[19] In der Midlife-crisis, oder wie immer auch wir dieses Phänomen nennen, ist diese Einheitlichkeit gefährdet, die Fähigkeit der Erkenntnis getrübt und auch die aktive Gestaltung nicht mehr gewährleistet.

2.2.3. Levinsons Einteilung des mittleren Lebensalters

Der amerikanische Psychologe Daniel J. Levinson (1920-1994) hat in seinem Werk „The Seasons of a Man's Life" (1978) Biographien von Menschen untersucht. Darin stellt er fest, dass es Phasen gibt, in denen Lebensstrukturen aufgebaut und konsolidiert werden. Darauf folgen Übergangsperioden, in denen sich die jeweilige Lebensstruktur nicht mehr als stimmig erweist und Möglichkeiten der Weiterentwicklung gesucht werden. Diese Phasen des Übergangs versteht Levinson als altersmässig relativ festgelegte Zeiträume, in denen die Strukturen umgebaut werden. Die Übergänge (so genannte Transitionen) und die Phasen der Kontinuität folgen einander etwa im Fünf-Jahres-Takt. Der Übergang vom jüngeren ins mittlere Erwachsenenalter liegt nach seinen Untersuchungen zwischen dem 40.

---

[19] Vgl. Erikson, Identität und Lebenszyklus, 57

und 50. Lebensjahr. Die Übergangsphasen stellen eine „Brücke" zwischen zwei stabileren Stadien dar.

40-45 Jahre: Übergang zur Lebensmitte. In dieser Phase erfolgt häufig eine grundsätzliche Infragestellung der bisherigen Lebensstruktur. Das geschieht in Form einer Bilanzierung, möglicherweise auch durch Destruktion des Bisherigen, in der Hoffnung, damit zu einer Neudefinition zu gelangen.

45-50 Jahre: Eintritt ins mittlere Erwachsenenalter. Die getroffenen Entscheidungen werden erprobt, eine neue Lebensstruktur aufgebaut und gefestigt.

50-55 Jahre: Übergang in die Fünfzigerjahre. In dieser Phase wird die neu gebildete Lebensstruktur weiter adaptiert. Wer sich beim Übergang in die Lebensmitte in unbefriedigter Weise verändert hat, erlebt diese Zeit als besonders kritisch.

55-60 Jahre: Höhepunkt des mittleren Erwachsenenalters. Die modifizierte Lebensstruktur führt in eine stabile Lebensphase, welche diesen Lebensabschnitt vollendet.

Abbildung 2: Übergänge und Phasen im mittleren Lebensalter nach Levinson[20]

Dieses Entwicklungsraster ist die Frucht empirischer Biographiearbeit. Die Altersangaben verstehen sich deshalb höchstens als Durchschnittswerte, um eine gewisse Orientierung zu ermöglichen. Die Prozesse verlaufen aber von Person zu Person unterschiedlich. Interessant an Levinsons Sichtweise ist, dass das mittlere Lebensalter nicht als einheitliche Phase gesehen wird. Insofern gleicht dieses nicht einem ruhigen Fahrwasser, welches erreicht ist, nachdem die Sturzbäche der Jugend gemeistert worden sind, und andauert, bis die Altersbresten einziehen. Vielmehr finden während den rund zwanzig Jahren

---

[20] Vgl. Perrig, In der Lebensmitte, 27

zwei Übergangsphasen statt, die auch mit Krisen verbunden sein können.

Kritisch betrachtet wurde an Levinsons Forschung, dass er für seine Stichprobe ausschliesslich Männer der amerikanischen Mittelschicht herbeigezogen hat.

2.3.   Stete Veränderungen oder plötzliche Krise?

Die besprochenen Modelle betrachten Übergänge, die manchmal auch Wendepunkte werden können, als Teile des Lebens. Krisen in der Lebensmitte seien überdies nicht von einem gänzlich anderen Stoff als Krisen in andern Lebensphasen. Andererseits hat C. G. Jung deutlich gemacht, dass in der zweiten Lebenshälfte andere Entwicklungsschritte als in der ersten anstehen. Daniel J. Levinson sieht die Midlife-Crisis nicht als plötzliche Krise, sondern als Bündel biographischer Übergänge, welche mit krisenhaften Begleiterscheinungen behaftet sein können. Auf jeden Fall lässt sich die Frage, ob das mittlere Lebensalter ein ereignisloses Entwicklungsplateau oder eine Zeit stürmischer Veränderungen sei, klar beantworten: Für die wenigsten Menschen ist sie einfach ein erratischer Block, welcher sich nicht mehr vom Fleck bewegt. Gleichwohl scheiden sich die Geister daran, ob es die Midlife-Crisis wirklich gibt. „Auf der einen Seite gibt es eine zunehmende Anzahl wissenschaftlicher und populärwissenschaftlicher Bücher, welche eine generalisierte Midlife-Crisis mit geradezu schicksalhafter Ergebenheit erwarten. Auf der anderen Seite wiederum finden sich abschliessende und polemisierende Urteile, wonach die Midlife-Crisis eine blosse Erfindung sei."[21]

---

[21] Perrig, In der Lebensmitte, 35

2.3.1. Das Krisenkonzept

Das Krisenkonzept geht von einer plötzlichen Veränderung der Identität einer Persönlichkeit aus.[22] Mit dem Begriff verbunden, ist zudem eine pathologische Note. Dass die Übergänge in der Lebensmitte Krisenpotenzial haben, bestreitet niemand. Dieses muss aber nicht unbedingt zu handfesten Krisen führen. Entscheidend seien die bisherige Biographie sowie die zur Verfügung stehenden psychosozialen Ressourcen.[23]
Die Tatsache, dass eventuelle Krisen sich im „privaten Rahmen" abspielten und oft aus Scham oder/und Angst vor sozialer Missbilligung nicht „nach aussen" sichtbar werden, führe nicht selten entweder zu Kurzschlusshandlungen (Verlassen von Mann und Kind, Schmeissen des Jobs, Flucht in eine Affäre) oder aber, was viel häufiger sei, zu depressiven Verstimmungen und schliesslich zum Burn-out.[24]

2.3.2. Das Transitionsmodell

Das Transitionsmodell, wie es Daniel J. Levinson vertritt, nimmt an, dass eruptive Lebensereignisse nicht vom Himmel fallen. Vielmehr sei das gesamte Leben mit Transitionen (biographischen Übergängen) durchsetzt, so der Schuleintritt, die Rekrutenschule, der Berufseinstieg, Heirat, Mutterschaft, Pensionierung[25] - und eben auch der Übergang zur Lebensmitte und der Übergang in die Fünfzigerjahre. Die Determinanten der beiden letztgenannten sind körperliche Veränderungen aufgrund der biologischen Alterung, Konfrontation mit dem Tod und Bewusstwerden der eigenen Endlichkeit, Diskrepanz zwischen Angestrebtem und Erreichtem, Wiederaufleben des

---

[22] Vgl. Perrig, In der Lebensmitte, 38
[23] Vgl. Perrig, In der Lebensmitte, 38
[24] Vgl. Perring, in der Lebensmitte, 39
[25] Vgl. Perrig, In der Lebensmitte, 37

„Traums", Aufgeben von Kindheitsillusionen, sowie Veränderungen im Familiensystem.[26]

Wir werden im Unterkapitel 2.4. auf die einzelnen Aspekte - und zwar stärker bezogen auf Männer - zu sprechen kommen. Für den Moment etwas kryptisch liest sich das Stichwort „Wiederaufleben des ‚Traums'". Pasqualina Perrig-Chiello versteht darunter die in der Aufbauphase des jungen Erwachsenenalters unterdrückten Aspekte des Selbst. Diese „werden zunehmend manifest und stellen eine Herausforderung dar; unerreichte Ziele, verpasste Chancen drängen nach Realisierung. Kennzeichnen sich beispielsweise Männer im jungen Erwachsenenalter in der Regel durch eine starke maskuline Geschlechterorientierung aus, so beginnt der Mann ab der Lebensmitte verstärkt auch seine ‚femininen' Eigenschaften wie Sensibilität, Zärtlichkeit und Passivität zu entdecken und auszuleben."[27]

Ob eine Transition als positive Entwicklung oder als Krise wahrgenommen und interpretiert wird, hängt nach Perrig weitgehend von den individuellen Differenzen zwischen den Persönlichkeiten ab. Natürlich gebe es gewisse Leute, die alle Transitionen als Krise erlebten, und von einer Krise zur nächsten stolberten, ohne aus der vorhergehenden Krise etwas zu lernen. Dies kumuliere sich dann mit der Zeit zu einem ‚self-made disaster'.[28]

2.4.   Veränderungen im Leben von Männern im mittleren Lebensalter

Bisher haben wir uns bemüht, das mittlere Alter von Männern und Frauen gemeinsam zu betrachten. Dies hat zur Einsicht

---

[26] gl. Perrig, In der Lebensmitte, 35-37
[27] Perrig, In der Lebensmitte, 36
[28] Vgl. Perrig, In der Lebensmitte, 37

geführt, dass von beiden Geschlechtern in diesem Lebensalter Veränderungen zu bewältigen sind. Freilich fallen diese bei Männern und Frauen zum Teil unterschiedlich aus. Doch soll bereits an dieser Stelle darauf verwiesen werden, dass sich die Geschlechter gegenseitig auch eine Hilfe sein können bei der Bewältigung der je spezifischen Herausforderungen. Als nächstes geht es darum, genauer hinzusehen, was sich im Leben von Männern zwischen 40 und 60 konkret verändert. Auf den ersten Blick lässt sich diese Lebensphase mit „immer weniger jung" und „noch nicht alt" umschreiben. Bei genauerem Hinsehen ist dieses „Zwischen"-Alter aber von einer Fülle von Veränderungen betroffen. Die einen sind hormongesteuert und ergeben sich wie von selbst, andere sind Begleiterscheinungen und Folgen, die zu erwarten sind, und wieder andere erreichen uns völlig unerwartet.

2.4.1. Körperliche Veränderungen

Das Klimakterium - das griechische Wort klimaktér bedeutet gleichzeitig „Stufenleiter" wie auch „kritischer Zeitpunkt im Leben" - bezeichnet ursprünglich die Jahre der hormonellen Umstellung bei Frauen, mit welcher der Übergang von der reproduktiven zur postmenopausalen Phase verbunden ist. Umgangssprachlich wird dieser Zeitabschnitt Wechseljahre genannt.[29] Während die Stufenleiter senkrecht in die Höhe weist, bringt „kritischer Zeitpunkt im Leben" die Ambivalenz dieser Phase zum Ausdruck.
Bei Männern gibt es ebenfalls altersbedingte hormonelle Veränderungen. Deshalb wird seit einigen Jahren vom Klimakterium virile gesprochen. So sinkt der Testosteronspiegel ab dem 40. Lebensjahr etwa um ein Prozent pro Jahr, was sich sowohl auf die körperliche als auch auf die kognitive Leistungsfähigkeit auswirkt. Hitzewellen, Libido- und Erektionsstörungen

---

[29] https://de.m.wikipedia.org/wiki/Klimakterium (25.7.15)

sowie Osteoporose sind die Folgen davon.[30] So kommt der Mann nicht darum herum, sich damit abzufinden, dass die für die maskuline Selbstdefinition zentralen physischen Fähigkeiten wie Potenz, Kraft und Ausdauer im Verlauf des Älterwerdens abnehmen.[31] Weitere Zeichen sind faltige Haut, graue Haare, Glatze, Körperfettverlagerungen an der Brust, abnehmende Körpergrösse (1,27 Zentimeter pro Dekade), der Verlust der sekundären Körperbehaarung und eine höhere Stimme.[32]

2.4.2. Psychische Veränderungen

Depressive Verstimmungen, Antriebsstörungen, Nervosität, Konzentrationsstörungen, aber auch raschere Ermüdung gehen mit der hormonellen Umstellung im mittleren Alter einher. Während junge Männer in der Reproduktionsphase eher durch eine starke maskuline Geschlechtsrollenorientierung auffallen, beginnt der Mann ab der Lebensmitte verstärkt „feminine" Eigenschaften wie Sensibilität, Zärtlichkeit und Passivität an sich zu entdecken und auszuleben. Bereits C.G. Jung wies darauf hin, dass es in dieser Altersphase zu einer Annäherung der Geschlechterrollen, bei vielen gar zu einer Rollenumkehrung komme. Nach ihm geht es in der zweiten Lebenshälfte darum, die beiden in uns liegenden gegensätzlichen Pole Animus und Anima zu integrieren und zu versöhnen.[33]
Noch ein zentrales Moment kommt ab der Lebensmitte hinzu: Unsere Lebensperspektive wird immer kleiner. Gedacht werde nicht mehr in Jahren nach der Geburt, sondern in Zeiteinheiten, die noch zum Leben bleiben.[34] Männer entwickelten die Tendenz, biografische Festlegungen zu verzögern, um möglichst viele Optionen bis ins höhere Lebensalter offen zu halten.

---

[30] Vgl. Perrig, In der Lebensmitte, 73f
[31] Vgl. Perrig, In der Lebensmitte, 70
[32] Vgl. Perrig, In der Lebensmitte, 58
[33] Vgl. Perrig, In der Lebensmitte, 76
[34] Vgl. Perrig, In der Lebensmitte, 19

So verzichtet der Mann nach einer geschiedenen Ehe auf eine zweite Heirat, um sich bei einem erneuten Scheitern in der Beziehung den Scheidungsstress zu ersparen. Statt sich fürs Leben zu binden, entscheidet er sich für eine Lebensabschnittspartnerschaft.[35]

Der Tod der eigenen Eltern gehört zu den typischen biographischen Transitionen im mittleren Alter. Das Schicksal des Verwaisens trifft heute viele erst zwischen 40 und 60.[36] In diesem Zusammenhang fällt gelegentlich der Begriff der filialen Krise; erwachsene Kinder werden sich bewusst, dass ihre Eltern nicht ewig leben werden. Damit einher geht die Erfahrung, dass diese alt, gebrechlich und abhängig geworden sind.[37]

2.4.3. Veränderungen im Beruf

Arbeit ist für die Mehrheit der Menschen im Erwachsenenalter die zentrale Lebensaktivität, welche neben der ökonomischen Notwendigkeit auch mit sozialen und psychologischen Vorteilen verbunden ist. Denn sie befriedigt im Idealfall die Bedürfnisse nach Selbstwirksamkeit, dient dem Erreichen von Lebenszielen und ist eine zentrale Quelle für den Selbstwert.[38] So ist das mittlere Lebensalter meist auch der Kulminationspunkt der sozialen und beruflichen Biografie, wo die Früchte des Erarbeiteten sichtbar werden. Die meisten verantwortungsvollen Posten in Politik, Wirtschaft, Verwaltung und Bildung sind im Übrigen mit Personen zwischen 40 und 60 besetzt.[39]

Allerdings würden die aktuellen Entwicklungen auf dem Arbeitsmarkt auf eine gewisse arbeitsmarktliche Differenzierung des mittleren Lebensalters hinweisen, was bedeutet, dass sich die 40- bis 54-Jährigen auch in Krisenzeiten häufig in einer ver-

---

[35] Vgl. Perrig, In der Lebensmitte, 19
[36] Vgl. Perrig, In der Lebensmitte, 92
[37] Vgl. Perrig, In der Lebensmitte, 78
[38] Vgl. Perrig, In der Lebensmitte, 124
[39] Vgl. Perrig, In der Lebensmitte, 124

gleichsweise guten Situation befänden, während die 55- bis 65-Jährigen unter Druck geraten würden.[40] Trotz der relativ guten arbeitsmarktlichen Perspektiven kann es aber sein, dass Männer zwischen 40 und 54 nach Levinson in eine Rollenunsicherheit gelangen können. Ab 55 gelangt dann das Leben wieder in ein etwas ruhigeres Fahrwasser, dafür sind beruflich bedingte Veränderungen nicht auszuschliessen, was dazu führt, dass Männer in diesem Alter gelegentlich das Gefühl der Chancenlosigkeit auf dem Arbeitsmarkt befällt.

2.4.4. Veränderungen in der Partnerschaft

Die Anzahl Scheidungen bei Personen mittleren Alters hat sich in den letzten 25 Jahren mehr als verdoppelt. Die Scheidungsrate nach einer über 30-jährigen Ehe – also bei Leuten ab 50, die jung geheiratet haben – liege aktuell bei mehr als 30 Prozent.[41] Interessant ist, dass mehr Männer als Frauen nach einer Scheidung wieder eine Beziehungen eingehen und möglicherweise gar heiraten. Nur 14 Prozent der Männer im mittleren Alter lebten alleine, während dies bei den Frauen doch immerhin 21 Prozent seien.[42] Dies könnte bedeuten, dass es Männern schwerer fällt, allein zu leben.
Überdies seien Männern im mittleren Alter mit ihrer Paarbeziehung auch zufriedener als ihre Partnerinnen.[43] Letztere hätten das Gefühl, in ihre Beziehungen mehr zu investieren als sie daraus gewinnen könnten. Für Männer ist die eizige zuverlässige und intime Bezugsperson meist die Partnerin, während Frauen in der Regel über ein breit abgestütztes soziales Netz von Freundinnen verfügen, mit denen sie sehr Persönliches austauschen. „Der Mann" nehme hingegen in sozialen Belangen die passivere Rolle ein. Seine sozialen Bedürfnisse be-

---

[40] Vgl. Perrig, In der Lebensmitte, 126
[41] Vgl. Perrig, In der Lebensmitte, 102
[42] Vgl. Perrig, In der Lebensmitte, 102
[43] Vgl. Perrig, In der Lebensmitte, 103

schränkten sich auf den beruflichen oder fachlichen Austausch mit Arbeits- und Sportskollegen. Zumeist unwillentlich und unmerklich begäben sich manche Männer in eine fatale sozio-emotionale Abhängigkeit von ihren Partnerinnen.[44]

„Späte Trennungen und Scheidungen stellen für die Betroffenen – für die verlassene ebenso wie für die verlassende Person – einen äusserst stressreichen biographischen Wendepunkt dar, ein kritisches Lebensereignis. Der Verlust des Intimpartners, der Intimpartnerin, wird als sehr schmerzlich empfunden, selbst dann, wenn die Trennung als Befreiung aus einer unerträglich gewordenen Partnerschaft gesehen werden kann."[45] Unmittelbar nach einer Trennung seien zwar bei älteren Geschiedenen dieselben Symptome einer Lebenskrise zu beobachten wie bei jüngeren. Doch scheinen ältere Geschiedene unter diesen Belastungen mehr und länger zu leiden als Personen, die eine Scheidung in jüngeren Jahren bewältigen müssen. Bei jüngeren Leuten reichen rund zwei Jahre aus, um eine Scheidung zu verarbeiten, bei älteren dauert es fünf bis sieben Jahre.[46]

2.4.5. Wie kommen Männer mit diesen Veränderungen zurecht?

Grundsätzlich ist es einfacher, sich mit Veränderungen des Lebens zu arrangieren, von denen viele oder fast alle betroffen sind. Kritische Ereignisse, mit denen nur ein Teil der Bevölkerung konfrontiert wird – wie etwa das Erleiden einer schweren Krankheit, Arbeitsplatzverlust oder Trennung – verlangen den davon Betroffenen mehr Kraft ab. Perrig weist darauf hin, dass Personen mit ihren je eigenen Geschichten und Erfahrungen ohnehin sehr unterschiedlich auf einen Verlust reagieren. Ins-

---

44 Vgl. Perrig, In der Lebensmitte, 104
45 Perrig, In der Lebensmitte, 117
46 Vgl. Perrig, In der Lebensmitte, 118

besondere für Personen, die verlassen worden sind, sind Gefühle von Trauer, Wut, Schuld, Angst, Leere, Müdigkeit, Schock und Existenzangst typisch; im besseren Fall schwingt im Nachhinein wenigstens noch etwas Erleichterung mit. Allen Menschen in Veränderungsprozessen ist jedoch gemeinsam, dass sie Abschied nehmen müssen von einer alten und sinnstiftenden Rolle. Der Abschied kommt einem Trauern gleich und dieses bildet die Basis für das erfolgreiche Definieren einer neuen Rolle. Aus der klinischen Forschung wisse man, dass es Stadien des ,normalen' Trauerns gebe, die für eine grosse Mehrheit der Menschen zutreffen und zum Prozess einer erfolgreichen Bewältigung beitrügen. Perrig nennt sieben Schritte[47], welche in vielem an die vier Trauerphasen von Elisabeth Kübler-Ross erinnern[48]:

- Schock, Nichtakzeptieren des Verlustes
- Vergangenheitszentrierung und Wut, Sich-Verlieren in imaginären Welten
- Verzweiflung, Verwirrung und Einsamkeit
- Zulassen von Trauer und Schmerz, womit das Akzeptieren des Verlustes einher geht
- Reorganisation des eigenen Lebens
- Erkennen und Definieren einer neuen Identität
- Einsicht, dass gewisse Verluste nicht ersetzbar sind

Wie aber gelangt man zum Ziel, Veränderungen akzeptieren zu können? Bei den meisten von Perrig und Höpflinger Befragten stellte die Einsicht, „dass sie ,hier letztlich selber herausfinden' mussten, dass niemand anders für sie ,das Problem' lösen konnte, die heilsame Wende dar." [49] Als erfolgsversprechende

---

[47] Vgl. Perrig, In der Lebensmitte, 5

[48] Vgl. Kast, Phasen und Chancen des psychischen Prozesses. Stuttgart (1990) 2008: Phase des Nicht-Wahrhaben-Wollens, Phase der aufbrechenden Emotionen, Phase des Suchens und Sich-Trennens, Phase des neuen Selbst- und Weltbezugs

[49] Perrig, In der Lebensmitte, 54

Bewältigungsstrategie nennen Betroffene deshalb Aktives Problemlösen, was bedeutet, dass diese ihre Sache selber in die Hand nehmen. Sich bewusst in die missliche Situation hineinzuschicken, in Religion und Spiritualität Trost zu suchen und die Vorteile der neuen Situation in den Blick zu nehmen, sind weitere Strategien. Männer scheinen letzteres deutlich zu bevorzugen. Frauen fänden hingegen vermehrt Hilfe in ihrem sozialen Netz.[50]

Die erfolgreiche Bewältigung von Krisen erfordere Weitsicht und ‚einen langen Atem'.[51]

Weiter sei Leidensfähigkeit hilfreich: „Die gute Bewältigung der Krise liegt nämlich gerade darin, wie sich der Mensch zu seiner neuen Einschränkung einstellt, wie er den Verlust und die damit verbundene Einengung erträgt und mit seinem Schicksal umgeht. Hierbei spielt die Leidensfähigkeit eine grosse Rolle. Diese muss er sich erwerben, ‚er muss sie sich erst erleiden'."[52]

Offenbar geht es bei der Bewältigung von kritischen Lebensereignissen also um ein Zweifaches: Um ein mehr passives Geschehen-Lassen-Können, welches in aktivere Handlungen übergeht und dann wieder in ersteres zurückmäandriert. Es ist gut möglich, dass vielen Männern Geduld und Warten mehr Mühe abverlangen, als die Gestaltung des aktiven Teils. Aber beides gehört dazu.

---

[50] Vgl. Perrig, In der Lebensmitte 54
[51] Vgl. Perrig, In der Lebensmitte, 54
[52] Perrig, In der Lebensmitte, 55

Seit den 70er Jahren, in denen die These von der Midlife-Krise formuliert wurde, wird auch die Gegenthese vertreten, die Midlife-Krise sei ein vernachlässigbares Phänomen. Vertreter dieser Sicht versuchen darzulegen, dass der grosse Teil der 40- bis 60-jährigen diese Lebensphase problemlos bewältige. Diejenigen, die damit besondere Probleme hätten, würden eine kleine Minderheit ausmachen. Ich verfüge nicht über die einschlägigen statistischen Daten, die nötig wären, um in dieser Debatte Position zu beziehen. Doch legt die entwicklungspsychologische Betrachtungsweise – hier insbesondere das Transitionsmodell – eindrücklich dar, dass die Entwicklungsphase von 40 - 60 im Leben von Männern und Frauen Veränderungen mit sich bringt, mit welchen ein krisenhaftes Erleben einhergehen kann. Auch soziologische Befunde machen auf gesellschaftliche Entwicklungen aufmerksam, die auf das individuelle Erleben ihre Wirkung haben dürften. Vier Aspekte seien an dieser Stelle herausgegriffen: Der problematische Umgang unserer Gesellschaft mit Alter und Endlichkeit (3.1.), dann Versagensangst als Folge eines überzogenen Selbstoptimierungswunsches (3.2.). Als drittes sei auf das Faktum der Quarterlife-crisis aufmerksam gemacht, welches junge Leute zwischen 20 und 30 schon mit Erscheinungsweisen konfrontiert, die früher erst mit der Midlife-Krise in Verbindung gebracht worden sind (3.3.). Abschliessend geht es um suchthaftes Verhalten, welches vor allem bei Männern als Ursache und Folge krisenhaften Erlebens in Frage kommt. Sucht wird gemeinhin eher als individuelle problematische Entwicklung wahrgenommen. Anne Wilson Schaef deutet sie jedoch als Begleiterscheinung einer gefährlichen Ideologie, welcher Männer verfallen seien (3.4.).

3.1. Konfrontation mit der Endlichkeit als Kern der Midlife-Krise

Als Kern der Midlife-Krise scheint sich herauszukristallisieren, dass der Mensch im mittleren Alter mit seiner Endlichkeit konfrontiert wird. Er realisiert, dass sein Leben nicht immerwährend weitergeht wie bisher, und seine jugendliche Kraft im Begriff ist abzunehmen. Der Journalist Hermann Schreiber, der die Midlife-Krise in den 70er Jahren publizistisch bekannt gemacht hat, bringt dies in einem 2005 erschienenen Essay zum Ausdruck: „Die Krise ist ja seriös nicht zu definieren über das Ausflippen, das ihr manchmal, längst nicht immer, folgt. So beginnt sie auch nicht. Eher macht sie sich bemerkbar als vages Gefühl inneren Zusammenbruchs, das rational überhaupt nicht zu begründen und nur selten zu erkennen ist als Schwellenangst vor dem Überschreiten der Grenze zwischen dem Ende des Aufwachsens und dem Beginn des Altwerdens."[53] Als Problem hinter der Krise sieht Schreiber, dass 40- bis 60-jährige realisieren, dass sie älter würden. Schon das allein ist nicht einfach zu bewältigen. In einer Gesellschaft aber, deren Referenzpunkt die Jugendlichkeit ist, muss Älterwerden noch viel schwieriger sein. Perrig spricht vom Peter Peter-Pan-Syndrom und verweist auf den Archetypus des puer aeternus, welchen Marie- Louise von Franz, eine Mitarbeiterin von C. G. Jung, herausgearbeitet hat. Auch dahinter verbirgt sich das Phänomen des Nicht-altern-Könnens. Der ewige Jüngling wolle sich alle Möglichkeiten offenhalten, überall hin und komme gleichwohl nirgends hin. „Die postmoderne Gesellschaft mit ihren vielen Möglichkeiten hat, so ist zu vermuten, eine neue Version der Midlife-Crisis hervorgebracht, nämlich die Auseinandersetzung mit der Tatsache, sich endgültig von einer jah-

---

[53] Schreiber Hermann, Wenn der Rest des Lebens beginnt, in Welt am Sonntag vom 20.2.2005

relang internalisierten jugendnahen Wert- und Verhaltensorientierung verabschieden zu müssen."[54] Es lässt sich fragen, was an dieser Form tatsächlich neu ist. Aber Perrigs Beobachtung macht deutlich, dass gesellschaftliche Einstellungen es dem Individuum erschweren, mit Prozessen zurecht zu kommen, die mit dem Menschsein auf natürliche Weise gegeben sind. Ein anderes Verhältnis zur Endlichkeit und eine lebendige Verbindung zur Natur würden uns helfen, auch zum Altern und Sterben wieder eine natürlichere Beziehung zu bekommen.

3.2.   Versagensangst als neues Thema

In einem Gespräch mit der Zeitschrift „Spiegel" beschreibt Heinz Bude die heute 40-Jährigen als die, die zwischen Selbstoptimierung und Selbstausbeutung steckten feststeckten und sich als Sklaven der Work-Life-Balance selber lähmten.[55] Sie gehörten der „Generation null Fehler" an, welche sich nur dann als erfolgreich empfinden würden, wenn sie alle Lebenslagen, also Beruf, Beziehung und Familie, souverän meistern würden. Folge davon sei die sklavische Selbstausbeutung. Bleibe bei ihnen der Erfolg in einem Teilbereich des Lebens aus, führe sie dies in die Depression. Die „Generation null Fehler" haben überdies ein charakteristisches Kommunikationsverhalten: Sie kommunizierten gemeinhin ironisch, smart und hochbeschleunigt, doch bei wirklich ernsthaften Themen herrsche Funkstille.[56] Die im Jahr 1970 Geborenen und die, die jünger sind, seien von einer Angst besetzt, welche Frucht der gegenwärtigen Optimierungsmentalität sei; ob in Schule, Beruf oder Öffentlichkeit, überall wird evaluiert, und der daraus ab-

---

[54] Perrig, In der Lebensmitte, 61
[55] Buss Christian, Interview mit Heinz Bude, in Spiegel online Kultur vom 6.10.2014
[56] Vgl. Buss Christian, Interview mit Heinz Bude, in Spiegel online Kultur vom 6.10.2014

geleitete Anspruch heisst stetige Verbesserung. Diese Haltung prägt alle Lebensbereiche, auch die privaten. Während es in früheren Jahren für Männer gereicht hat, beruflich erfolgreich zu sein, und für Frauen, den Haushalt und die Kindererziehung gut zu machen, stehen heute für beide Geschlechter mehrere Lebensfelder unter Optimierungsdruck. Dieser Anspruch wird von einer ganzen Generation offenbar internalisiert und ist nicht bloss eine Frage der individuellen Prägung. „Da wird die Selbstoptimierung also schnell zur Selbstausbeutung, perfiderweise. Denn eigentlich wird ja die perfekte Work-Life-Balance angestrebt. Man wird aber zum Sklaven dieser Work-Life-Balance. Was ursprünglich eine Befreiungsidee war, um sich vor den Tücken der Arbeitswelt zu schützen, wird nun zum Auslöser einer Depression. Das existenzielle Optimierungsprogramm ist schwer durchzuhalten. Früher sagte man: Ich bin, der ich bin. Heute denkt man: Ich bin, der ich sein könnte."[57]

Dazu kommt nach Bude, dass frühere Generationen der Überzeugung waren, die düstersten Jahre mit den Weltkriegen stünden hinter ihnen. Nun könne es nur noch besser werden. So hätten sie Grund zur Hoffnung gehabt. Die nach 1964 Geborenen hingegen plage das Gefühl, dass das Schlimme erst noch komme. Der gegenwärtige soziale Frieden erscheine ihnen als trügerisch. Deshalb folgert er, der Kitt unserer Gesellschaft sei die Angst. „Und zwar die Angst herausgekippt zu werden. Die Auslese ist kompromissloser geworden... Nur wer den Anschein macht, gleichzeitig locker und leistungsstark zu sein, kommt weiter."[58] Kombiniert man nun den oben dargestellten Perfektheitsanspruch an sich selber der „Generation null Fehler" mit der bohrenden Angst, herausgekippt zu werden, und dazu erst noch die geforderte Lockerheit, realisiert man, wie

---

[57] Vgl. Buss Christian, Interview mit Heinz Bude, in Spiegel online Kultur vom 6.10.2014
[58] Hesse David und Brandt Hans, TA vom 11.7.15, S. 35

ungemütlich das Leben für die davon Betroffenen sein muss. Deshalb resümiert Bude: „Die Phänomene der Erschöpfung haben zugenommen. Burn-out ist nicht nur eine Mode. Erschöpfung entsteht aus der Angst, es nicht mehr zu schaffen, nicht mehr mitzukommen. Und da ist noch mehr: Verbitterung."[59] Angst und Verbitterung sind ein ungemütlicher Nährboden, auf dem Lebensübergänge leicht ins Stocken geraten. Bude macht wie Perrig den Verbindungsbogen zwischen Midlife-Krise und Burn-out. Letzteres erscheint als Folge eines Entwicklungsprozesses, welcher keineswegs als lebensfördernd bezeichnet werden kann.

Diese Entwicklung macht zudem deutlich, dass auch kulturelle Errungenschaften, wie die Work-life-Balance zweifellos eine ist, sich selber unterhölen können. Work-life-Balance, versehen mit dem Anspruch der Perfektion erscheint als Stressfaktor, welcher einem überfordern kann. So scheinen die heute 40-Jährigen, die gegenwärtig Karriere aufbauen, Kinder erziehen und Beziehungen pflegen, nochmals anders gefordert zu sein als die heute 50- bis 60-Jährigen, für die es zwar auch anstrengend gewesen ist, alle Lebensbereiche unter einen Hut zu bringen, denen es aber immerhin erspart geblieben ist, dass dies alles perfekt und erst noch locker zu geschehen habe.

3.3.   QLC – Ein Ableger der Midlife Krise

Der Journalist Schreiber fragt, ob sich das gesellschaftliche Klima nicht in eine Richtung verändert habe, in der sich die Midlife-Krise habe auswachsen können. Er kommt zum gegenteiligen Schluss: „Die Krise hat Zuwachs bekommen, man könnte sogar sagen: Nachwuchs. Sie sucht nun nicht nur Mittvierziger heim, sondern auch schon Mittzwanziger, die Twentysomethings. So ändern sich die Zeiten: Die Menschen wer-

---

[59] Hesse David und Brandt Hans, TA vom 11.7.15, S. 35

den älter, die Krisen werden jünger - und vermehren sich. Eine klinische Zuweisung, oder besser: ein modisches Etikett, das seine Abkunft von der Midlife-crisis nicht verleugnet, hat die neue Krise auch schon: Quarterlife-crisis, Viertellebenskrise."[60] Nun könnte an dieser Stelle die Frage nochmals aufkommen, ob all dieses Gerede von der Krise nicht der Jagd auf ein Phantomgebilde gleiche. In der Tat können überall Krisen ausgemacht werden, aber auch das Gegenteil ist möglich – man könnte empirisch hergeleitete Syndrome einfach nicht zur Kenntnis nehmen. Die Krisen gibt es dann zwar nicht mehr, dafür wird das Leiden an der Gegenwart aber womöglich konfuser. Wenn nun festgestellt wird, dass zehn Jahre nach der Pubertät bei einigen oder sogar vielen die QLC, die Quarterlife-crisis für Unruhe sorgt, dann beunruhigt dies einerseits. Andererseits wurde bei der Vorstellung des Entwicklungsmodells von Erikson darauf hingewiesen, dass jegliche Entwicklung Übergänge verursacht, und diese, wenn sie nicht ganzheitlich vollzogen werden, zu einem späteren Zeitpunkt wieder Probleme schaffen. In jedem Entwicklungsschritt stehen zwar spezifische Aufgaben an, etwa Vertrauen zu erlernen oder eine eigene Identität zu finden, gleichzeitig bleiben diese aber den Menschen ein Leben lang erhalten. Sie stellen sich im Alter zwischen 20 und 40 genau so wie zwischen 40 und 60. Nur weil sie in der einen oder andern Gestalt wiederkehren, ist es nicht nötig, das Wissen über die spezifische Struktur einer Krise in einem bestimmten Lebensalter über Bord zu werfen. Im Gegenteil zeichnet sich bereits die Möglichkeit ab, dass Männer unterschiedlichen Alters gemeinsam an ihren Entwicklungsthemen arbeiten und diese rituell verarbeiten.
Nach den amerikanischen Bestseller-Autorinnen Alexandra Robbins und Abby Wilner ist es das spezifische Problem der QLC, dass die jungen Leute das ganze Leben noch vor sich ha-

---

[60] Schreiber Hermann, Wenn der Rest des Lebens beginnt, in Welt am Sonntag vom 20.2.2005

ben und die Fülle der möglichen Optionen ihnen die Orientierung schier unmögllich macht.[61] Während die Midlife-crisis den davon Betroffenen zu schaffen macht, dass eben nicht mehr alle Optionen realisierbar sind – zum Beispiel aufgrund der begrenzten zur Verfügung stehenden Kräfte –, sind die 25-Jährigen mit der gegenteiligen Crux konfrontiert. Nehmen wir dazu noch die spezifischen Schwierigkeiten der „Generation null Fehler" ins Blickfeld, wird deutlich, dass intergenerationelles Lernen angesagt sein könnte.

3.4. Die süchtige Gesellschaft

Die Mehrheit der Männer in unserer Gesellschaft sei abhängig von bestimmten Weisen zu denken, zu fühlen und zu handeln. Diese Abhängigkeit funktioniere wie die von Alkohol, Nikotin und anderen Drogen und beeinträchtige die Wahrnehmung der Wirklichkeit. Männer bewegten sich in ihrem Denken in der Ideologie des „White male system". Richard Rohr übernimmt diese These von Anne Wilson Schaef, welche sie in ihrem ersten Buch „Weibliche Wirklichkeit. Frauen in der Männerwelt" (1985) herausgearbeitet hat. Die Männer glaubten, sie seien Herren über die soziale Realität, die sie definierten, in Wirklichkeit seien sie aber in ihr eingesperrt.[62] Ihre Ideologie bauten sie auf Macht, Status und Besitz. Diese halte sich für überlegen und behaupte, die Wirklichkeit sei vollkommen logisch und rational, und es sei den Menschen möglich, in einer Sache objektiv zu sein.[63]

„Die Abhängigkeit vom eigenen System macht blind für alles ausserhalb der Grenzen dieses Systems."[64] Rohr ist der Mei-

---

[61] Vgl Schreiber Hermann, Wenn der Rest des Lebens beginnt, in Welt am Sonntag vom 20.2.2005

[62] Vgl. Rohr, Vom wilden Mann zum weisen Mann, 32

[63] Vgl. Rohr, Vom wilden Mann zum weisen Mann, 32f

[64] Rohr, Vom wilden Mann zum weisen Mann, 34

nung, dass das System bloss eine vermeintliche Realität beschreibe. „Wir Männer denken, wir hätten das Sagen, aber im Alltag werden viele Entscheidungen, die unser Leben tatsächlich bestimmen, von Frauen getroffen. Die Macht der Männer erstreckt sich vorwiegend auf Wirtschaft, Politik und die materielle Welt."[65] Und auch da seien die Männer alles andere als autonom, sie stünden unter dem Stress, „immer die Zeitvorgaben anderer einhalten zu müssen und immer den Erwartungen anderer entsprechen zu müssen." Zudem würden sie geprägt durch das Bewusstsein, dass ein anderer nur darauf warte, ihren Job zu übernehmen, falls sie den Anforderungen nicht genügten.[66] „Auf diese Weise hält das System der Sucht die Illusion von Macht und Freiheit aufrecht, während es den Menschen jede wahre Macht und Entscheidungsfreiheit vorenthält. Aus diesen Gründen muss es auch Illusionen von Erfolg bieten – Beförderungen, Gehaltserhöhungen und andere Statussymbole -, obwohl jeder Mann unbewusst spürt, dass der Wechsel auf eine andere Spielfeldposition kein Ausweg aus dem Spiel der totalen Kontrolle ist, das mitzuspielen er täglich gezwungen ist."[67]

Es ist fast zu offensichtlich, dass diese Sicht auf die Männerwelt aus einer kritischen feministischen Position heraus formuliert ist. Deshalb stellen sich Fragen: Hat diese Sicht ihre reale Entsprechung vor allem im Amerika des 20. Jahrhunderts? Hat sie damals ihre Gültigkeit gehabt – und wenn ja - stimmt sie auch heute noch? Wilson Schaef selber ist es im Verlauf ihrer therapeutischen Arbeit und Forschung klar geworden, dass es nicht nur die Männer sind, die in diesem „white male system" denken und mitspielen. Auch Frauen trügen dieses in einer Form von Co-Abhängigkeit mit. Zudem verhalten sich Frauen,

---

[65] Rohr, Vom wilden Mann zum weisen Mann, 37
[66] Vgl. Rohr, Vom wilden Mann zum weisen Mann, 38
[67] Rohr, Vom wilden Mann zum weisen Mann, 39

die an der Macht sind, häufig genau gleich wie ihre männlichen Kollegen.

Ich selber vertrete die Ansicht, dass es auch heute noch Menschen gibt, welche die Realität einzig durch die rationale Brille sehen und meinen, alles wäre für sie unbeschränkt nach ihren Vorstellungen formbar. Allerdings glaube ich, dass dieser Menschenschlag zahlenmässig abgenommen hat. Es könnte sein, dass diese Haltung in den USA noch weiter verbreitet ist als in Europa. Zudem dürfte aber auch wahrscheinlich sein, dass diese Haltung leicht in eine Krise gerät, wenn Männer und Frauen realisieren, dass sich die Natur und die Menschen nicht unbeschränkt nach ihren technisch-rationalen Vorstellungen formen lassen.

Zweierlei scheint mir aber bezüglich Sucht im Kontext der Midlife-Krise bedenkenswert: Männer sind nicht nur Täter innerhalb des „white male systems", sondern auch Opfer: „Zu der Unterdrückung, unter der wir als Männer leiden, gehört natürlich auch, dass wir andere mit einem geringeren Status unterdrücken. Das schafft eine Hackordnung und ruft Überlegenheitsgefühle hervor. ... Psychologisch gesehen ist das notwendig, damit wir ein Gefühl der Überlegenheit entwickeln, wo echte Leistungen nicht gefragt sind. Wenn wir tatsächliche Änderungen in der Welt nicht bewirken können, erschaffen wir illusionäre Unterschiede, um wenigstens eine gewisse Art von Selbstachtung entwickeln zu können. Aus welchem Grund auch immer erschafft sich das Ego selbst durch Vergleich und Konkurrenz. Ich muss nicht einmal etwas wirklich Grossartiges vollbringen, es reicht zu wissen, dass ich besser, stärker, schlauer bin als der andere – ein wahrlich seltsames und letztlich selbstzerstörerisches Modell für männliches Wachstum. Man nennt es den Sündenbockmechanismus. Ich bin gut, weil jemand anders schlecht ist."[68] Sucht hat mit Ersatzbefriedigung

---

[68] Rohr, Vom wilden Mann zum weisen Mann, 40

zu tun; diese gedeiht dort, wo echte Befriedigung nicht möglich zu sein scheint. Weil es dem Menschen also trotz Selbstoptimierungszwang nicht möglich ist, echte Werte zu schaffen und sich auf diese Weise zu verwirklichen, greift er zum Surrogat des vermeintlichen Besser-Sein-Wollens, eine Entwicklung, welche mehr auf Schein statt auf Sein beruht.

Auf den zweiten Aspekt ist Wilson Schaef gestossen; sie hat den Begriff des „White male system" durch jenen der Sucht präzisiert und herausgearbeitet, dass die Mechanismen der Sucht den Menschen – ob Mann oder Frau - bis in sein Privatleben und seine Beziehungen prägen. Hinter den verschiedenen Erscheinungsformen der Sucht liege ein Prozess, welcher den Menschen von seinem wahren Selbst und seinem authentischen Leben entfremde. Deshalb gehe es darum, die versteckten Süchte zu erkennen und in einem Ent-süchtigungs-Prozess nüchtern zu werden und Klarheit zu gewinnen.[69]

In diesem Kapitel haben wir versucht, gesellschaftliche Entwicklungen zu benennen, welche auf das einzelne Individuum bei der Bewältigung seines Lebens einen Einfluss ausüben. Dabei wurde deutlich, dass erstens der herrschende Jugendlichkeitswahn dazu führt, dass wir uns als Gesellschaft mit der Endlichkeit menschlichen Seins immer schwerer tun. Als zweiten gesellschaftlichen Trend haben wir einen eigentlichen Selbstoptimierungszwang – eine Renaissance des Leistungsdenkens – geortet, unter welchem nota bene schon die heute 20- bis 30-Jährigen leiden, und welcher nicht nur dazu führt, dass wir uns selber immer wieder überfordern. Vielmehr provoziert dieser auch emotionale Reaktionen, insbesondere eine bedrohliche Versagensangst. Einen dritten Trend haben wir in der Art und Weise umschrieben, wie die westliche Gesellschaft auf die beiden ersten Trends antwortet: Statt dass wir in konstruktiver – spiritueller – Weise mit Endlichkeit und Unvoll-

---

[69] Vgl. Schröter Jürgen, Buchbesprechung Anne Wilson Schaef

kommenheit umgehen, flüchten wir in suchthaftes Verhalten bezüglich Umgang mit Macht, Konsum und Triebbefriedigung. In Sucht und suchthaftem Verhalten scheint mir – ohne dass dieses mit Wilsons Schaefs These vom „white male system" begründet werden muss – ein Trend zu liegen, welcher in mannigfacher Weise mit krisenhaften Phänomenen verwoben ist. Ein Hinweis dafür liegt allein schon darin, dass auch im spirituellen Kontext in letzter Zeit die zwölf Schritte der anonymen Alkoholiker eine Renaissance erleben (so etwa in Richard Rohr, Zwölf Schritte der Heilung: Gesundheit und Spiritualität, 2013).

Im nächsten Kapitel geht es um die Bedeutung von Krisen, insbesondere der Krise in der Mitte des Lebens, aus einer theologisch-geistlichen Perspektive. Dabei nehme ich Bezug auf drei Kronzeugen der christlichen Spiritualitätsgeschichte: Der älteste ist Origenes, Kirchenvater aus dem 3. Jahrhundert, der zweite Johannes Tauler, Dominikaner aus dem 14. Jahrhundert und der jüngste ist Richard Rohr, der franziskanische Zeitgenosse.

Seit der Antike versuchen Theologen und spirituelle Lehrer die Entwicklung des christlichen Lebens in Wegmodellen[70] zu beschreiben – diese gehen auf Origenes zurück. Der geistliche Weg führe über eine Phase der Reinigung (purgatio) zur Erleuchtung (illuminatio) und weiter zur Vereinigung mit dem Göttlichen (unio mystica). Es stellt sich die Frage, ob in diesen Wegmodellen für Krisenhaftes überhaupt Platz ist. Richard Rohr bezieht sich in seinen beiden Denkansätzen spezifisch auf den Entwicklungsweg des Mannes. Diese Wegmodelle sind Gegenstand des ersten Unterkapitels (4.1.). In einem zweiten Schritt wenden wir uns aus Sicht des Glaubens der Krise zu; wir fragen, in welchem Verhältnis Glaubenskrisen zu Lebenskrisen stehen – und umgekehrt, und machen das anschaulich anhand einiger „Krisengeschichten" aus der Heiligen Schrift (4.2.).

Im dritten Unterkapitel geht es um die Midlife-Krise. Der Mystiker Johannes Tauler sieht „im Sommer des menschlichen Lebens" eine Zeit der Krise angelegt. Wer sich auf diese einlasse und sich unter Gottes Führung stelle, finde zu einem neuen

---

[70] Vgl. Peng, Einführung ins geistliche Leben, 124-135

Verständnis vom Leben und seinem Schöpfer. Daraus resultiere im günstigen Fall eine „zweite Umkehr". Die Krise am Zenit des Lebens erscheint bei Tauler als die Krise schlechthin (4.3.).

4.1.   Die spirituelle Entwicklung des Menschen

4.1.1. Das Wegmodell des Origenes

Simon Peng sieht in den Evangelien den christlichen Weg – selbst bei den Jüngern – als mühevollen Prozess der Umkehr, der Bewährung und erneuten Zurückfallens – wobei Peng letzteres nicht explizit nennt - geschildert. Dem gegenüber würde die Briefliteratur Christ-Sein und Christ-Werden als eine Grundunterscheidung zwischen altem und neuem Leben bzw. zwischen dem Weg zum Glauben und dem Weg aus dem Glauben heraus kennzeichnen.[71] So heisst es in Röm 12,2: „Fügt euch nicht ins Schema dieser Welt, sondern verwandelt euch durch die Erneuerung eures Sinnes, dass ihr zu prüfen vermögt, was der Wille Gottes ist." Paulus fordert in diesem Schriftwort von einem Christen ein Leben in Entschiedenheit. Allerdings ist auch diese Entschiedenheit ein zerbrechliches Gut, da keine Garantie besteht, dass sie für immer erhalten bleibt. Die unterschiedlichen Sichtweisen auf den christlichen Weg lassen sich nach Peng darauf zurückführen, dass die neutestamentlichen Autoren die Diskontinuität zwischen altem und neuem Leben und die Kontinuität des Wachsens im Glauben in unterschiedlicher Weise gewichteten.[72]
Im Prolog zu seinem Hoheliedkommentar skizziert Origenes ein Modell des geistlichen Weges, welcher aus drei Momenten besteht: Aus der ethischen Läuterung (purificatio), der Welterkenntnis aufgrund der Gabe der Unterscheidung (discretio)

[71] Peng, Einführung ins geistliche Leben, 124
[72] Vgl. Peng, Einführung ins geistliche Leben, 124

und der Gotteserkenntnis (contemplatio mystica).[73] Dabei
scheint es sich aber nicht um einen kontinuierlichen Aufstieg
im Verlauf des Lebens zu handeln. Auch nachdem die Unter-
scheidungsgabe erworben, oder die mystischen Schau einem
zuteil geworden sei, sei eine Rückkehr in einen früheren Prozess durchaus möglich. Bonaventura unterscheidet rund 1000
Jahre später für den christliche Weg die Abfolge meditatio, ora-
tio, contemplatio, und Marianne Schlosser deutet diese ganz
im Sinne der origenischen Vorlage: „Welche Weise man auch
wählt, um sich Gott zu nähern, der geistliche Weg ist immer
durch die Elemente der Reinigung (denn Gott ist der unverän-
derlich Heilige), der Erkenntnis (denn er ist die Wahrheit) und
der Beglückung gekennzeichnet (denn er ist die Liebe)."[74]
Peng vertritt die Meinung, dass sich diese mystagogische Logik eigentlich nicht mit den gängigen entwicklungspsychologischen Modellen vereinbaren lasse. Für viele Christen sei zudem sowohl der Gedanke einer asketischen Läuterung als auch
die Idee einer mystischen Vereinigung mit Gott weit weg von
ihrer persönlichen Zielsetzung. Dies empfindet Peng als ver-
wudnerlich in einer Zeit, wo therapeutische und fernöstliche
Modelle, die von Läuterung, Erleuchtung und Einswerdung
sprechen, auch bei Christen auf Anklang stossen. Mit den drei
Elementen liesse sich das Taufgeschehen leicht interpretieren,
welches den christlichen Weg symbolisch vorwegnehme und
bleibend bestimme. Das Modell der triplex via komme auch
der neuen Sensibilität für Übergangsriten entgegen. In seiner
Struktur entspreche es der dreigestuften Abfolge von Trennung, Schwellenübergang und Angliederung. Mit diesen Elementen lassen sich lebensgeschichtliche Übergänge und
Schwellenerfahrungen des Alltags kreativ gestalten. Es falle
überdies nicht schwer, die Trias biblisch als eine heilsgeschicht-

---

[73] Vgl. Peng, Einführung ins geistliche Leben, 125
[74] Schlosser zitiert bei Peng, Einführung ins geistliche Leben, 126

liche Sequenz von Exodus (purgatio), Wüste (discretio) und Heimkehr (contemplatio) zu interpretieren.

Der Zisterzienser André Louf deutet schliesslich die Trias unter Bezugnahme auf Paulus und Augustinus als Zeit des Unglaubens, der Umkehr und der Heiligung. Ihm ist wichtig, dass sich Christen zeitlebens im Übergang vom Unglauben zum Glauben befänden. Sünde, Umkehr und Heiligung sind nach Louf das tägliche Brot der Christen:[75] „Wir bleiben immer Sünder, wir sind unablässig dabei, uns zu bekehren, und in dieser Umkehrbewegung werden wir beständig geheiligt durch den Heiligen Geist."[76]

Martin Luther hat das Modell der triplex via auf dem Hintergrund von 2 Kor 4,16, „wenn auch unser äusserer Mensch verbraucht wird, so wird doch unser innerer Mensch Tag für Tag erneuert" kritisiert Nach ihm bedeute Fortschritt auf dem Glaubensweg ständiger Neubeginn. Aber nur zu beginnen, ohne auch fortzuschreiten, würde ebenfalls einen Rückschritt bedeuten.[77]

Es scheint, dass das Modell der drei Wege als Gliederungsordnung der Biographie nicht recht geeignet ist. So sehr zu hoffen ist, dass Momente der Reifung menschliches Leben beeinflussen, so sehr erscheint Reifung bis zum Ende des Lebens nie als Besitz, den man ins Trockene gebracht hat. Altes und Neues, Sünde und Gnade prägen unser Leben bis ans Ende. Von Fortschritt kann spirituell gesehen nur sehr bedingt die Rede sein.

4.1.2. Die männliche spirituelle Reise nach Richard Rohr

Wie wir gesehen haben, ist es strittig, ob es langfristiges Wachstum im Glauben überhaupt gibt, im Gegensatz zu den entwicklungspsychologischen Modellen, welche ein solches für

---

[75] Vgl. Peng, Einführung ins geistliche Leben, 128
[76] Louf André zitiert bei Peng, Einführung ins geistliche Leben, 128
[77] Luther zitiert bei Peng, Einführung ins geistliche Leben, 132

Geist, Seele und Körper postulieren. Richard Rohr geht von der Vorstellung C. G. Jungs von den zwei Hälften des Lebens (s. 2.2.1.) aus und entwickelt darauf basierend ein Schema der spirituellen Reise des Mannes. Einer Zeit des Aufstiegs folge eine Zeit des Abstiegs. Auf dem Zenit der Lebensbahn stehe die Krise der Lebensmitte an, in welcher eine zentrale Umorientierung des Mannes angesagt sei. Im Folgenden wird Rohrs Modell vorgestellt.

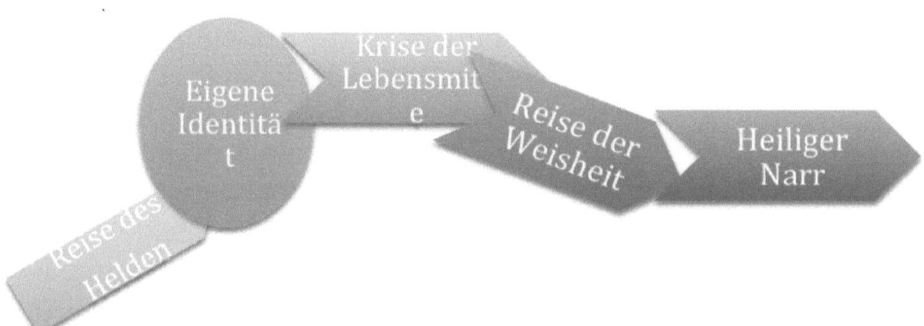

Abbildung 3: Die männliche spirituelle Reise in 4 Stadien[78]

Die Reise des Helden fällt in den Lebensabschnitt zwischen 1 und 32 Jahren und bildet das Stadium des Aufstiegs. Auf diesem Weg findet ein Mann zu seiner eigenen Identität. Der normal entwickelte junge Mann müsse seine Macht und seine Möglichkeiten erfahren. Das bringe ein gewisses Mass an Egozentrik mit sich. Pflicht, Verantwortung, harte Arbeit, aufgeschobene Befriedigung, sowie eine Schwarz-Weiss-Sicht in Bezug auf die Geschehnisse dieser Welt gehören zu dieser Epoche dazu. „Während der ersten Hälfte der männlichen Reise geht es um Aufstieg, entstanden aus dem ernsten, notwendigen Idealismus aller gesunden jungen Männer. Das Gewinnen spielt eine wichtige Rolle, der Sieg, der Triumph über das Ego und andere Hindernisse. Ohne diese Vision, ohne diese An-

---

[78] Rohr, Vom wilden Mann zum weisen Mann, 194f

strengungen bleibt ein Mann ohne Saft und Kraft auf seine
kleine Welt beschränkt. Ein Mann muss sich anfangs nach oben
arbeiten, sonst kann er seine Kräfte, seine besten Seiten nicht
kennen lernen, sein falsches Ego nicht ablegen und nicht über
die Egozentrik triumphieren."[79]
In den frühen Teenager-Jahren sieht Richard Rohr die männliche Initiation vor. „Praktisch alle ursprünglichen Kulturen
hielten Initiationsriten für die Männer für notwendig. Sie alle
kannten die Tradition, dass Mentoren, also ältere Männer, die
Jungen frühzeitig auf den Übertritt in die zweite Lebenshälfte
vorbereiten. Jemand musste ein Auge auf die erste Lebenshälfte haben und den Jungen gleichzeitig beibringen, dass dieser
Abschnitt nur die erste Hälfte ist. ... Der Junge musste erfahren,
wie er von seinem hohen Turm wieder herunterkommt. Er
musste lernen, mit der Unvermeidlichkeit des Scheiterns umzugehen. Er musste sich bemühen, die Wunde in eine heilige
Wunde zu verwandeln. Ohne solche ‚Kreuz-Wege' werden
unsere Religionen weiterhin Systeme bleiben, die dem eigenen
Fortkommen nützen, statt der echten Verwandlung des Menschen zu dienen."[80]
Geht dem jungen Mann die Heldenreise ab, entwickle sich dieser zum jungen Narr, was bedeutet, dass er seine eigene Macht,
Tugend und Potential nie wirklich erfahre. Ziel der Heldenreise ist es, zur eigenen Identität zu finden. Dieses bedeutet für
einen Mann, dass er in der Lage sei, die eigenen Grenzen realistisch einzuschätzen und ein ausreichendes Gefühl für das
Selbst zu bekommen. So könne er dieses auch wieder loslassen,
wenn der Zeitpunkt dafür gekommen sei. Denn das Weizenkorn müsse sterben, sonst bleibe es für immer ein Weizenkorn
(vgl. Joh 12,24).

---

[79] Rohr, Vom wilden Mann zum weisen Mann, 188
[80] Rohr, Vom wilden Mann zum weisen Mann, 189

Zwischen 35 bis 50 Jahren erleide der Mann die Krise der Lebensmitte. Dies sei eine Zeit des inneren Bedeutungsverlusts, welcher hervorgerufen werde durch Versagen. Die Folge sei häufig ein Zusammenbruch, beziehungsweise ‚Ausbrüche', um Macht und Kontrolle wiederzugewinnen. In dieser Phase werde der Mann mit den eigenen Grenzen, dem Paradox und dem Geheimnis – mit dem Kreuz - konfrontiert.

Die Tugenden des Helden funktionierten nicht mehr. Abgabe von Selbstkontrolle und Entwicklung von Vertrauen in Gott seien angesagt.

Wie in der Zeit der Heldenreise die Gefahr besteht, dass sich der Mann zum jungen Narr entwickle, bestehe zwischen 35 und 50 die Gefahr, dass der Mann zum alten Narren werde, wenn er weiter aufsteigen möchte.

Mit der Reise der Weisheit folgt die Zeit des Abstiegs. Der Mann brauche spirituelle Führung, da die alten Regeln nicht mehr funktionierten. Loslassen, Vertrauen, Geduld, Auslieferung, heiliger Verzicht und Mitgefühl seien die Qualitäten, die jetzt erforderlich seien. „Hoffentlich ist seine eigennützige, schwarzweisse Weltsicht zusammengebrochen – durch Misserfolge, Leiden und Verfehlungen. Dann wandelt sich die Sprache von einer Sprache des Aufstiegs, des Erwerbens und Erreichens in eine demütige Sprache des Abstiegs."[81]

Endlich sei der Mann sicher genug, um unsicher zu sein. Diese Reise bringe schmerzhafte Einsichten und grosse Einschnitte mit sich. Begriffe wie ‚Sieg' und ‚Erfolg' müssten neu definiert werden. Dem Gebet komme eine überlebenswichtige Funktion zu. „Heroismus ist kein Ziel, kein Anliegen mehr für einen gereiften Mann in der zweiten Lebenshälfte. Ziel ist nun etwas, was wir nicht mehr selbst machen, kontrollieren oder auch nur unser Eigen nennen können: Heiligkeit. Heiligkeit wird geschenkt und empfangen, sie verwandelt uns zutiefst, aber in

---

[81] Rohr, Vom wilden Mann zum weisen Mann, 190

aller Stille ... Heiligkeit hat damit zu tun, in Gott zu sein, während es beim Heldenweg der jungen Jahre darum geht, etwas zu tun und eine Identität aufzubauen."[82]

In der zweiten Lebenshälfte muss sich der Mann nicht mehr profilieren, indem er, was ihm missfällt, bekämpft. „In der zweiten Hälfte des Lebens hat man immer weniger das Bedürfnis oder Interesse, Negatives oder Furchterregendes auszulöschen, wie früher voreilige Urteile zu fällen, an alten Wunden festzuhalten oder andere Menschen zu bestrafen."[83] Es geht auch nicht mehr einfach darum, Recht zu haben oder Recht zu bekommen. Männer würden vielmehr versuchen, Ereignisse zu beeinflussen, Änderungen herbeizuführen, ruhig zu überzeugen. Aber sie seien auch bereit, die eigene Einstellung zu ändern, zu beten oder zu vergeben, anstatt die Dinge vor Gericht zu bringen.[84]

„Wenn Älteste sprechen, brauchen sie nur wenige Worte, um ihren Standpunkt klarzumachen."[85] Menschen in der zweiten Hälfte des Lebens genüge es, einfach nur ein Teil des allgemeinen Tanzes zu sein. Sie bräuchten nicht mit wilden Bewegungen hervorzustechen, den eigenen Tanzbereich abzustecken oder besser zu sein als irgendjemand sonst auf der Tanzfläche."[86] Menschen in der zweiten Lebenshälfte bezeichne Erik Erikson als ‚generative' Menschen, solche, die bereit und in der Lage sind, Leben zu ‚generieren', aus ihrem eigenen Reichtum heraus und zugunsten nachfolgender Generationen.[87] Sie würden anderen Menschen einfach durch das helfen, was sie seien. Das motiviere zu einer guten Zusammenarbeit und zeichne diese Menschen als integer aus.[88]

---

82 Rohr, Vom wilden Mann zum weisen Mann, 191
83 Rohr, Reifes Leben 160
84 Vgl. Rohr, Reifes Leben 161
85 Rohr, Reifes Leben 161
86 Vgl. Rohr, Reifes Leben 162
87 Vgl. Rohr, Reifes Leben 16
88 Vgl. Rohr, Reifes Leben 165

Alternativ zur Reise der Weisheit werde die Reise der Verbitterung angetreten, die nicht zur Erleuchtung führe. Wunden seien nicht zu ‚heiligen' Wunden geworden. Dieser Mann operiere weiterhin mit Schuldzuweisungen und Zynismus.

Auf der Reise der Weisheit werde der Mann schliesslich zum Heiligen Narr. Dieser Mann vom Typ Grossvater strahle Gelassenheit aus und könne Gegensätze – gottgeschenkt – in sich vereinigen. Gott habe endlich die Kontrolle gewonnen. Der Heilige Narr leiste sich Einfachheit und erreiche Weisheit jenseits von Verurteilungen, Vernunft und Kontrolle. „Es ist die Aufgabe milder alter Grossväter, den jungen Wilden den Weg des Mitgefühls und der Gelassenheit nahe zu bringen. Dazu passt, dass die meisten Kulturen die Führung den Senioren (Senat = Ältestenrat) anvertrauen. Robert Moore stellt ganz zu recht fest, dass man die Königsenergie selten viel vor dem 50. Lebensjahr erreicht."[89]

Kommen wir zu einer abschliessenden Würdigung: Rohr vereinigt in seinem Modell Erkenntnisse der Entwicklungspsychologie mit eigenen Beobachtungen zur spirituellen Biographie des Mannes. Es gelingt ihm, Entwicklungen am Menschen, unbedarft von Spiritualität und Religion, mit solchen explizit jüdisch-christlicher Weisheit in Verbindung zu bringen. Auffallend sind die exakten Altersangaben für die „Reise des Helden" (1-32 Jahre) und die „Krise der Lebensmitte" (35-50 Jahre), während die „Reise der Weisheit" und die Phase des „Heiligen Narren" nicht mehr mit einer Altersangabe versehen sind. Dies mag zum einen darin begründet liegen, dass es sich bei diesem Modell eher um eine Skizze als um ein ausgereiftes Konzept handelt, zum andern liegt es wohl daran, dass Lebensphasen ohnehin nicht normiert verlaufen. Es ist aufgrund des vorliegenden Textes nicht abschliessend zu klären, ob die spirituelle Reise des Mannes aus drei oder vier Reisen bzw.

---

[89] Rohr, Vom wilden Mann zum weisen Mann, 193

Streckenabschnitten besteht, genauer ob sich der letzte Abschnitt, überschrieben mit „Heiliger Narr", klar von der „Reise der Weisheit" abgrenzen lässt. Ungeachtet dieser Unschärfe charakterisieren die drei Kernetappen – „Reise des Helden"[90], „Krise der Lebensmitte" und „Reise der Weisheit" – typisierend eine biographische Entwicklungslinie auf der Längsschnittachse menschlichen Lebens.

4.1.3. Die zwei Hälften des Lebens nach Richard Rohr

Übereinstimmend mit Carl – Gustav Jung geht Richard Rohr davon aus, dass die erste Hälfte des Lebens von anderer Natur sei als die zweite; die Aufgabe der ersten Lebenshälfte sei es, ein solides Gefäss für unser Leben zu entwickeln.[91] In der zweiten Lebenshälfte gehe es darum, dieses Gefäss mit Leben zu füllen. „In der ersten Hälfte des Lebens wird alles Negative, Geheimnisvolle, Furchterregende und Problematische weit weggeschoben. Das verhilft schnell zu einer stabilen Egostruktur, die eine Weile gute Dienste leistet."[92]
Zu viele Menschen würden sich ausschliesslich mit Reparaturarbeiten am Gefäss beschäftigen, anstatt ,die Netze auszuwerfen (Joh 21,6), um den grossen Fang einzuholen, der auf sie warte.[93]
„Das Gefäss der ersten Lebenshälfte wird durch Impulskontrolle, Traditionen, Symbole der Gruppenzugehörigkeit, Familienloyalitäten, bürgerliche und kirchliche Gesetze und das Bewusstsein für die Richtigkeit, den Wert und die besondere Bedeutung des eigenen Landes, der ethnischen Abstammung

---

[90] Im späteren Werk „Reifes Leben", 57-60, konnotiert der Autor die Heldenreise anders. Dort handelt es sich bei dieser nicht bloss um das Zeitalter von 1-32 Jahren, sondern um das Ganze des Lebens, welches in 5 Phasen - Heimat (1), Auszug in die Welt (2), Abenteuer (3), Entdeckung der eigenen Seele (4), Heimkehr (5) - beschrieben wird.
[91] Vgl. Rohr, Reifes Leben 41
[92] Rohr, Reifes Leben, 190
[93] Vgl. Rohr, Reifes Leben 41

und der Religion gebildet."[94] Eine Denkfigur der ersten Lebenshälfte sei die des loyalen Soldaten. Die Stimme unseres loyalen Soldaten bringe uns sicher durch die erste Lebenshälfte, in dem sie uns beibringe, unsere Impulse unter Kontrolle zu halten, damit wir Würde, Identität und eine Richtung erhalten.[95] Sie entspräche der Stimme des Über-Ichs von Freud.[96] Zwischen 35 und 50 gehe es, darum, den loyalen Soldaten zu entlassen und vom ersten Heimatstützpunkt verbannt zu werden.[97] „Wenn Sie Ihren loyalen Soldaten entlassen, wird es sich anfänglich so anfühlen, als hätten Sie Ihren Glauben oder Ihr Selbst verloren. Doch dies ist nur der Tod des falschen Selbst und meist genau der Moment, in dem die Seele geboren wird. Anstatt vom Ego getrieben zu werden, lassen Sie sich nun von der Seele ziehen."[98] Die zweite Lebenshälfte ist gekennzeichnet durch Öffnung auf ein spirituelles Leben. Allerdings kann der Mensch nicht selbstständig in dieses eintreten; jeder Versuch, die eigene Erleuchtung in die Wege zu leiten oder zu planen, sei zum Scheitern verurteilt, da er vom Ego getrieben sei.[99] Es scheine, als ob wir in der spirituellen Welt erst dann etwas fänden, wenn wir es zuerst verlören.[100] Wie die Psychologin Pasqualina Perrig vertritt auch Rohr die Auffassung, dass damit notwendig Leiden verbunden sei.[101] „Ironischerweise bringe die Verweigerung des notwendigen Schmerzes auf lange Sicht zehnmal mehr Leid über einen Menschen."[102] Die zweite Lebenshälfte stehe im Zeichen des Heiligen Geistes. Der Heilige Geist sei der Aspekt Gottes, „der weitgehend von innen

---

[94] Rohr, Reifes Leben 67
[95] Vgl. Rohr, Reifes Leben 86
[96] Vgl. Rohr, Reifes Leben 88
[97] Vgl. Rohr, Reifes Leben 90
[98] Vgl. Rohr, Reifes Leben 91
[99] Vgl. Rohr, Reifes Leben 106
[100] Vgl. Rohr, Reifes Leben 107
[101] Vgl. Rohr, Reifes Leben 113
[102] Rohr, Reifes Leben 113

heraus und ‚heimlich' auf ‚der tiefsten Ebene unseres Sehnens' arbeitet."[103] In dieser zweiten Lebenshälfte gehe es darum, „vollkommen und bewusst zu dem Menschen zu werden, der wir bereits sind, doch handelt es sich dabei um ein Selbst, das wir fast gar nicht kennen."[104] Deshalb müsse der Mensch dieses kennenlernen. Es gehe darum, zu einer „zweiten Einfalt" zu finden[105] und den Schatten des eigenen Selbst zu entdecken: „Ihr Schatten ist der Teil Ihres Selbst, den Sie nicht gern sehen und den Sie auch andere nicht sehen lassen wollen."[106] Kennzeichnend für die zweite Lebenshälfte sind aber auch ein neues Denken - das „nichtduale Denken" oder „Sowohl-als-auch-Denken"[107] – sowie ein neues Zeitverständnis. Beim Nichtdualen Denken gebe es nicht mehr richtig oder falsch, gut oder böse, für mich oder gegen mich.[108] „ Ein ruhiges und kontemplatives Sehen stellt sich nicht von einem Moment auf den anderen ein, sondern entwickelt sich fast unbewusst über viele Jahre des Konflikts, der Verwirrung, der Heilung, des Weiterwerdens, der Liebe und des Vergebens der Realität. Es bildet sich nach und nach, je mehr wir lernen, ‚das Negative einzuschliessen'."[109] Beim neuen Zeitverständnis, der sogenannten „Tiefenzeit", gehe es um eine Zusammenschau von Vergangenheit, Gegenwart und Zukunft.[110]

Rohrs Buch „Reifes Leben" heisst im Originaltitel „Falling upward", „nach oben fallen". Mit diesem Begriff deutet Rohr an, wie sich Leben und Erkennen in der zweiten Lebenshälfte anfühlt: „Was wie ein Fallen erscheint, kann durchaus als eine Bewegung nach oben oder nach vorne erlebt werden, in eine

---

[103] Rohr, Reifes Leben 130
[104] Rohr, Reifes Leben 139
[105] Rohr, Reifes Leben 147-157
[106] Rohr, Reifes Leben 170
[107] Vgl. Rohr, Reifes Leben 170
[108] Vgl. Rohr, Reifes Leben 189
[109] Rohr, Reifes Leben, 188
[110] Rohr, Reifes Leben, 186

weitere und tiefere Welt hinein, in der die Seele zu ihrer Fülle gelangt ist, sich endlich mit dem Ganzen verbunden hat."[111] Für dieses „nach oben fallen" braucht Rohr das Bild vom Trampolineffekt: „Ich bin in meinem Leben oft gefallen, sei es in Beziehungen, im Beruf, emotional oder körperlich, doch immer gab es einen Trampolineffekt, der bewirkte, dass ich letztendlich nach oben gefallen bin."[112] Dieser Begriff umschreibt die Krise, das Krisenhafte als notwendigen Schritt in ein tieferes Leben, letzteres wohl verstanden als Chance und Finden zu tieferer Erfüllung.

4.2.   Die Bedeutung von Krisen im Allgemeinen

Es stellt sich die Frage, ab welchem Schweregrad überhaupt von einer Krise zu reden ist. Menschen machen unterschiedliche Erfahrungen, zuweilen erleben sie ein Ereignis, welches sie als Unglück deuten. Welche Möglichkeiten haben sie, darauf zu reagieren? Unter Umständen lassen sie sich davon schlicht nicht beeindrucken, oder aber sie zeigen Betroffenheit. Eine mögliche Form von Betroffenheit ist die Enttäuschung. Enttäuschungen treten in verschiedenen Graden auf - als leichte, mittlere und schwere Enttäuschungen. Eine noch heftigere Reaktionsweise wäre der Schock. Dieser kann zur Folge haben, dass eine Person aus der gewohnten Lebensbahn geworfen wird. Gelingt es nicht, ein kritisches Lebensereignis aufzuarbeiten, kann daraus eine Krise entstehen. Die Psychiatrie und Psychologie sprechen von post-traumatischen Belastungsstörungen. Dieser Begriff ist pathologisch konnotiert. Die Krise ist zwar eine ziemlich eskalierte Form von Betroffenheit, aber in ihr liegt – anders als etwa bei der Katastrophe –noch die Chance der Wendung zum Guten.

---

[111] Rohr, Reifes Leben 195
[112] Rohr, Reifes Leben 200

Für dieses Unterkapitel habe ich ein eher pragmatisches Vorgehen gewählt. Zunächst werden einige Beispielgestalten aus dem Alten und Neuen Testament in Erinnerung gerufen, die eine Krise durchgemacht haben (4.2.1). Sodann wird der Vorschlag von Michael Schneider, der Glaube selber sei ein Krisenauslöser, diskutiert (4.2.2) In einem dritten Schritt wird das Verhältnis zwischen Glaubens- und Lebenskrisen untersucht (4.2.3).

4.2.1. Krisengeschichten aus dem Alten und dem Neuen Testament

Heilsgeschichte ereignet sich im Leben konkreter Menschen. Die Heiligen Schriften des Alten und Neuen Testaments geben Erfahrungen wieder, welche Menschen in ihrem Leben mit Gott gemacht haben. Da wir den christlichen Gott als einen sehen, der Freud und Leid mit seinen Geschöpfen teilt, ist es nicht erstaunlich, dass die Bibel auch von kritischen Lebensereignissen berichtet, die Menschen widerfahren. Hier folgt eine Auswahl:

Der Patriarch Abraham und seine Frau Sara sind bis ins hohe Alter von Kinderlosigkeit betroffen. Dies scheint sie schwer zu belasten. Als Ausweg zeugt Abraham mit Saras Magd Hagar einen Sohn zeugt. Als Hagar Ismael geboren hat, verschlechtert sich die Beziehung zwischen Magd und Herrin. Hagar verliert ihre Arbeitsstelle und wird mit ihrem Baby ausgesetzt. Hier folgt eine Krise der anderen (Gen 15-21).

Der Erzvater Jakob sieht sich von seinem Bruder Esau verfolgt. In einer Untiefe am Fluss Jabbok begegnet ihm in einem nächtlichen Gesicht Gott. Mit ihm lässt er sich auf einen Kampf ein. Nach einer Weile muss Jakob bekennen, dass er ihn nicht bezwingen kann. Der Kampf mit dem Allmächtigen zeichnet ihn: Sein Hüftgelenk ist ausgerenkt worden, gleichwohl weiss er sich von Gott persönlich gesegnet. (Gen 32,23-33).

Josef wird von seinem Vater Jakob gegenüber seinen Brüdern bevorzugt. Deshalb beginnen sie ihn zu schneiden. Sie sperren ihn in eine Zisterne und verkaufen ihn an eine vorbeiziehende Karawane. Josef wird nach Ägypten gebracht und verliert so in jungen Jahren seine Familie (Gen 37).

Das Volk Israel steht in Ägypten unter Druck. Die Israeliten müssen hart arbeiten und werden in ihren Rechten beschnitten. Gott beruft Moses, um sein Volk zu befreien. Doch neues Land ist nicht in Sicht. Vierzig Jahre irren die Israeliten in der Wüste, bedrängt von Hunger, Durst und Perspektivelosigkeit. (Ex 1-40)

Mirjam, die ältere Schwester von Mose, erkrankt an Aussatz, nachdem sie sich mit Aaron gegen Moses alleinigen Führungsanspruch gestellt hat. Die Krankheit verschwindet erst, als Moses für sie betet. Eine Woche verbringt sie ausserhalb des Lagers in der Verbannung. (Num 12,1-15)

Elja ist ein kritischer Prophet. Er entfacht überdies ihre Wut, indem er am Bach Kischon 450 Baalspropheten töten liess. Dadurch fällt er bei König Achab und dessen Frau Isebel in Ungnade. Isebel will auch ihn töten. Elija fällt in eine Erschöpfungsdepression. Er setzt sich unter einen Ginsterstrauch und wünscht sich den Tod. (1 Kön 19)

Hiob wird vom Unglück heimgesucht, verliert seinen Besitz und die Kinder. Er nimmt die Schicksalsschläge an, ohne zu hadern. Schliesslich befällt ihn ein bösartiges Geschwür „von der Fußsohle bis zum Scheitel". Obwohl ihn seine Frau auffordert, seinen Glauben aufzugeben, bleibt Hiob seinem Gott treu. Er bringt seine Überforderung offen zum Ausdruck: „Getilgt sei der Tag, da ich geboren wurde" (Hiob 3,3).

Jona erhält von Gott den Auftrag, der Stadt Ninive das Strafgericht zu predigen. Dazu fühlt er sich nicht in der Lage und flieht nach Tarsisch. Auf hoher See gerät sein Schiff in einen wilden Sturm. Jona weiss um seine Schuld und fordert die

Schiffsleute auf, ihn über Bord zu werfen. Ein grosser Fisch verschlingt ihn. Nach drei Tagen und drei Nächten wird er wieder an Land gespeit. (Jona).

Jesus lebt in grossem Vertrauen zu seinem himmlischen Vater. Ihm liegt daran, dass die Thora so ausgelegt wird, dass sie dem Leben dient. Durch seine Klarheit und Natürlichkeit wird er dem jüdischen Establishment suspekt. Die Pharisäer und Schriftgelehrten planen, ihn umzubringen. Sie beauftragen Judas, Jesus zu verraten. Jesus bittet Gott, der Kelch möge an ihm vorüber gehen. Unter der Anklage der Gotteslästerung wird er zum Tod am Kreuz verurteilt. Seine Krise wird erst nach seinem Tod in der Auferstehung aufgelöst (Mt, Mk, Lk, Joh).

Petrus spürt, wer Jesus für ihn ist (Mk 8,29); er folgt ihm mit grosser Begeisterung. Doch als Jesus kurz vor der Verurteilung steht, verlässt Petrus der Mut. Er streitet ab, Jesus zu kennen (Mk 14,66-72). Als der Hahnenschrei den Morgen ankündigt, realisiert er sein Versagen. (Joh 21,15-19)

Der Zelot Judas Ischariot erwartet von Jesus, dass er König von Israel werde und so das Volk wieder zu einer freien Nation mache. Mit der Zeit erkennt er jedoch, dass dies nicht geschehen wird. Er ist enttäuscht und liefert ihn den jüdischen Behörden aus. Im Nachhinein wird ihm bewusst, was er getan hat, und er nimmt sich das Leben (Mt 27,5).

Saulus, der thoragläubige Jude verfolgt die frühe Christenheit mit glühender Leidenschaft. Doch ihm begegnet Christus. Licht umstrahlt ihn und eine Stimme spricht: „Saul, was verfolgst du mich?" Er erblindet auf der Stelle, und seine Begleiter führen ihn nach Damaskus. Dort fällt es ihm wie Schuppen von den Augen (Apg 9).

Eine lange Liste verschiedener Schicksalsschläge, die Menschen in der Bibel heimsuchen. Sie sind verbunden mit Gefühlen der Überforderung, der Trauer und Schuld. Zum Teil finden Menschen zu Lebzeit wieder aus der Krise heraus, andere kostet diese das Leben. Der Ausweg aus der Krise gestaltet sich für die einzelnen unterschiedlich: Entweder werden sie durch Gott aus der Krise herausgeführt; so Abraham und Sara, das Volk Israel in der Wüste und Elja. Manchmal sind es andere Menschen, die vermitteln und die Not auflösen; so geschieht die Heilung von Mirjam auf die Fürbitte des Mose. Oder die Menschen gelangen selber zur Einsicht, Schuld auf sich geladen zu haben; so Jona, Petrus und Paulus. Andere wie Jakob, Josef oder Hiob halten auch in der Bedrängnis Gott die Treue. Für Judas entwickelt sich die Krise zur Katastrophe. Die Bibel bietet keine allgemeingültige Krisenbewältigungsstrategie, doch der Umgang einzelner mit ihrem Schicksal ermutigt. Krisen scheinen zum Leben zu gehören, und Gott schreibt auch durch diese Heilsgeschichte.

Da in der Regel genauere Altersangaben in der Bibel fehlen – mit Ausnahme des biblischen Alters von 969 Lebensjahren für Methusalem, 950 Jahren für Noah und 930 Jahren für Adam – ist es nicht einfach zu entscheiden, welche Personen von der Krise im mittleren Lebensalter heimgesucht worden sind. Doch scheint zumindest bei Jakob, Elja, Jona, Petrus, Judas und Saulus klar, dass die beschriebene Krise weder am Lebensanfang noch an dessen Ende steht.

4.2.2. Der Glauben als Krisis

Der Jesuit Michael Schneider hat in der Seelsorge erfahren, wie Menschen – und zwar gerade gläubige Menschen – von Krisen heimgesucht werden. Daraus ist sein Interesse entstanden, das Wesen der Krise aus einer systematisch theologischen Perspektive zu ergründen. Er geht von der Grundbedeutung des Wortes „Krisis" aus und zeigt die Verbindung zum deutschen Wort „Krise" auf.

Krisis leite sich vom griechischen Wort krino ab und bedeute sowohl Scheidung im Sinn von Sonderung und Streit, als auch

Entscheidung, welche helfe, eine nicht geklärte Situation zu vereindeutigen. In der Heiligen Schrift komme das Wort in der Bedeutung von Gericht und Recht vor; die Vulagta übersetze mit „iudicium".[113] Unter der Krisis Gottes sei ein gerechtes Gericht zu verstehen: „Der Herr der Heerscharen aber richtet gerecht, er prüft Nieren und Herz." (Jer 11,20) Auch Jesus hält die Juden an, nicht oberflächlich zu urteilen: „Urteilt nicht nach dem, was vor Augen liegt, sondern sprecht ein gerechtes Urteil." (Joh 7,24). „Im Zeugnis des Neuen Testaments ist Jesus Christus die Krisis, und zwar zunächst dadurch, dass in ihm der eigentliche Sinn des AT deutlich wird, denn Moses und das Gesetz können aus sich heraus den Menschen nicht rechtfertigen."[114] Jesus Christus als Krisis – eine steile Formulierung! Doch der Gott ist Israel ist ein Gott des Rechts, sagte Wolfram Pannenberg jeweils in seinen Vorlesungen, welche ich 1984 und 85 in München besucht habe. Das müsste doch für seinen Sohn genauso gelten. Denn „wo wirklich Recht gesprochen wird und wo es ein gerechtes Gericht gibt, dort ist Heil."[115] Nahe bei Recht sprechen, ist Recht „fertigen", eine Grundthematik menschlicher Existenz. Zu dem Weg der Krisis – im Sinne der Rechtfertigung, bekenne sich der Glaubende in der Taufe. Der Täufling erkläre sich bereit, den Glauben, der ihn „aus der Fraglichkeit seiner selbst in die Gewissheit des Fraglosen"[116] (Ebeling) führe, gegen alle In-Frage-Stellung zu bewahren.[117] Aber das bedeutet eben gerade nicht, dass die In-Frage-Stellung durch den Glauben ausbleibt. Die Krisis, die der Glaube ist, stelle den Menschen mit all seinen Erwartungen

---

[113] Vgl. Schneider, Krisis, 2
[114] Schneider, Krisis, 2
[115] Vgl. Schneider, Krisis, 2
[116] Ebeling, Art „Theologie und Philosophie", in RGG VI (1962), 822 zitiert bei Schneider, Krisis, 5
[117] Schneider, Krisis 4f

und Hoffnungen so in Frage, dass die Krisis notwendig zur Erfahrung von Krisen werde.[118]

Die Krisis stosse also einen Prozess an, welcher dem Menschen dazu diene, mit sich ins Reine zu kommen und zu seiner wahren Identität zu finden. In der Taufe wird dieser Prozess antizipiert.

In der Prägung des Glaubens durch die Krisis liegt der Grund, warum den Charakter christlicher Existenz kein Symbol besser als das Kreuz zum Ausdruck bringt. „Die Krisis des Kreuzes schenkt dem Menschen keine Sicherheit, wohl aber eröffnet sie ihm einen Weg durch die Krise des Glaubens hindurch in das neue Leben. Deshalb kann eine Krise ,sowohl zum Ruin führen wie zum Kairos werden' (W. Kasper)."[119] Weder die Krisis des Glaubens noch die Taufe bewahren den Glaubenden vor einem möglichen Scheitern. Vor allem aber sind Krisen mit heilsamen Ent-Täuschungen verbunden, welche Eingangstor zu einem Leben in Fülle sind.

4.2.3. Die Krisen des Lebens

Als nächstes wollen wir der Frage nachgehen, wie die Krisis des Glaubens sich zum landläufigen Begriff „Krise" verhält. Im Abschnitt 4.2.2. wurde deutlich, dass Krisis des Glaubens nicht in erster Linie bedeutet, dass ein Mensch nicht mehr glauben kann, sondern vielmehr, dass er herausgeworfen wird aus seinen Selbstverständlichkeiten, um mit sich selber identisch zu werden. Der christliche Glauben ist kein Tranquilizer, der die Menschen für die Nöte um sich und in sich betäuben möchte. Vielmehr möchte dieser zu einem Leben in Verantwortung und Kraft führen. So dienen die Krisis und die durch sie ausgelösten Krisen dazu, Werte-basiert die Identität eines Menschen zu schärfen. Petrus wird sich in der Krise seiner Feigheit be-

---

[118] Vgl. Schneider, Krisis 5f
[119] Schneider, Krisis 6

wusst, Judas seiner Schuld. Elija mag nicht mehr, er ist müde vom Kämpfen. Gott schenkt ihm durch seine Engel bzw. in seiner Begegnung am Horeb eine neue Perspektive (vgl. 1 Kön 19,4-8); man könnte auch sagen, eine neue Inspiration. Mirjam wird durch ihre Krise klar, dass sie zu Unrecht ihren Bruder Moses angegriffen hat. Sie bedarf der Demut, um zu realisieren, dass sie des Bittgebets ihres Bruders bedarf, um wieder heil zu werden.

In Zeiten von Lebenskrisen stehen Veränderungen an. Bisherige Beziehungen und Partnerschaften, sowie berufliche Tätigkeiten erweisen sich für den von einer Krise Betroffenen nicht mehr als stimmig, so dass er eine neue Wahl zu treffen hat. „In Zeiten von Glaubens- und Lebenskrisen wird deutlich, dass es nicht leicht ist, beides zu leben, nämlich die Treue zur einmal getroffenen Entscheidung im Glauben und die Offenheit für das je neue Wirken Gottes. Der Mensch wird es lernen müssen, sich im Vertrauen auf Gott durch die Ereignisse seiner Lebensgeschichte prägen zu lassen. In der Offenheit für Gottes Willen erfährt der Mensch, dass das in Christus neu geschenkte Leben nach keinem vorhersehbaren Programm verläuft, vielmehr wird die Form des neuen Lebens nicht selten als entfremdendes ‚Wider-Fahren' (Schillebeeckx) erlitten, und zwar in den Erfahrungen von Sinnlosigkeit, Leid, Unrecht."[120] Mit diesem Zitat bringt Schneider die ganze Komplexität einer Lebenswirklichkeit zur Sprache. Selbst das Neugewählte kann mit den Erfahrungen von Sinnlosigkeit, Leid und Unrecht einhergehen. So bleiben dem Glaubenden in der Krisis Krisen nicht erspart. Als Ausweg aus solchen Krisen sieht Johannes Tauler die Umkehr – und zwar gleich in mehrfachem Sinne (siehe 4.3.3). „Die Krisis, in die der Glaube führt, ruft von sich aus Krisen hervor, da sie den Menschen immer auch auf den Weg der Umkehr ruft. Wie sehr der Glaube Krisis ist, zeigt sich in

---

[120] Schneider, Krisis 6

den Krisen."[121] Mit der Umkehr verbunden, sind die beiden Aspekte „purgatio" und „discretio" der Triplex Via von Origenes: Reinigung und Unterscheidung. Der Ausweg aus der Krise lässt sich nicht einfacher finden als durch diese beiden Dinge. Der Begriff der Unterscheidung erinnert an „die Unterscheidung der Geister" bei Ignatius von Loyola.

4.3. Die Midlife-Krise als Ausdruck eines biographischen Paradigmenwechsels

In ihren Überlegungen zur Midlife-Krise berufen sich Michael Schneider und Anselm Grün auf den Dominikaner Johannes Tauler, der im 14. Jahrhundert in Strassburg gewirkt hat. Schneider weist darauf hin, dass sich der ältere Mensch – gemeint ist der Vierzig- bis Fünfzigjährige - wegen der zunehmenden 'Bekumberung' des Seelengrundes an relative und endliche Werte hänge und im Religiösen in gewohnten Vorstellungen und äusserlichen Übungen stecken bleibe. So verliere er die Beziehung zu seinen ‚Gründen', zu den eigenen wie auch zu den göttlichen.[122] Der Kummer ist zugleich Ursache wie auch Symptomatik des krisenhaften Verhaltens. Während sich der junge Mensch üben müsse, solle der Erwachsene Gott erleiden. So beginne für ihn der Prozess der Besinnung und Einkehr: „Es muss notwendig ein Widerlauf geschehen ..., es muss eine kräftige Einkehr geschehen, ein Einholen, ein inwendiges Sammeln aller Kräfte, der niedersten und der obersten."[123] Was Tauler mit dem althochdeutschen Begriff „Widerlauf"meint, deutet er nur an; aber es scheint sich um einen Integrierungsvorgang zu handeln: Hohes und Tiefes, Oberes und Niederes müssen dem Bewusstsein wieder zugänglich gemacht werden.

---

[121] Schneider, Krisis 6
[122] Vgl. Schneider, Krisis 115
[123] Vetter F, Die Predigten Taulers (Berlin 1910) zitiert bei Schneider, Krisis 115

Dies sei das Zentrum der Einkehr, die ansteht. In den Jahren um die Vierzig werde der Mensch offen. Wenn er dann noch zehn Jahre warte, werde ihn der Heilige Geist alles lehren.[124]
Anselm Grün schildert die Midlife-Krise: „In unserer Gesellschaft können wir auf Schritt und Tritt beobachten, wie viele Menschen zwischen 40 und 50 auf einmal die alte Sicherheit verlieren. Sie fragen sich nach dem Sinn ihres Lebens. Ihre Arbeit wird ihnen fraglich."[125] Es gehe in der Krise der Lebensmitte nicht bloss um ein Sich-Neueinstellen auf die veränderten physischen und psychischen Gegebenheiten, auch nicht nur um ein Fertigwerden mit dem Nachlassen der körperlichen und geistigen Kräfte, sondern um eine tiefe Existenzkrise, in der die Frage nach dem Sinn des Ganzen gestellt werde.
Vom Glauben her gesehen sei in dieser Krise Gott selbst am Werk.[126]
Nach Grün ist Tauler davon überzeugt, dass das geistliche Bemühen des Menschen erst nach dem 40. Lebensjahr richtig Frucht trage. Ziel des Glaubensweges sei das Vorstossen in den eigenen Seelengrund, den Ort, in dem die Seelenkräfte geeint sind, und der Mensch ganz bei sich und seinem Gott sei. In den Seelengrund könne man nicht aus eigener Kraft oder durch asketisches Bemühen gelangen. Nur durch Lassen komme man in Berührung mit seinem innersten Grund.[127] „Gott leert uns durch Enttäuschungen, er deckt uns unsere Hohlheit auf durch unser Versagen, er arbeitet an uns durch Leiden, die er uns zumutet. Diese Erfahrungen des Ausgeleertwerdens verdichten sich in der Lebensmitte. Und hier kommt es dann darauf an, dass wir uns von Gott all das eigene geistliche Bemühen nehmen lassen, um uns von ihm durch die Leere und Dürre des eigenen Herzens bis in den Seelengrund hinunter führen

---

[124] Vgl. Schneider, Krisis 116
[125] Grün, Lebensmitte als geistliche Aufgabe, Münsterschwarzach 2014 (19. Auflage), 7
[126] Vgl. Grün, Lebensmitte als geistliche Aufgabe, Münsterschwarzach 2014 (19. Auflage)
[127] Vgl. Grün, Lebensmitte als geistliche Aufgabe, Münsterschwarzach 2014 (19. Auflage), 14

zu lassen, wo wir nicht mehr den eigenen Bildern und Gefühlen, sondern dem wirklichen Gott begegnen."[128]

4.3.1. Das Wesen der Krise

Die Krise bestehe darin, dass alles, was eine Person bisher an religiösen Übungen praktiziert habe, auf einmal schal werde. Die Person wisse noch nicht, was ihr gut täte. Das Gewohnte funktioniere nicht mehr, etwas Neues gäbe es noch nicht. Tauler verwende das Bild aus dem Evangelium von der verlorenen Drachme (Lk 15,8-10): Gott krämple das Haus des Betroffenen um, um die Drachme – die für den Seelengrund stehe - zu finden. In der Lebensmitte sei der Mensch meistens zwar gut in seinem Lebenshaus eingerichtet, doch vor lauter Sich-Einrichten habe er seine Mitte verloren.[129] Die Krise bestehe darin, dass der Mensch mit seiner Mitte nicht oder nicht mehr in Verbindung stehe. Dies führe zur inneren Unruhe, welche Tauler „Gedränge" nenne.

4.3.2. Spontanreaktionen

Der Mensch, welcher von einer Krise heimgesucht werde, versuche zuerst aus eigenen Kräften, die innere Unruhe und Verunsicherung zu stabilisieren. Dies könne auf zwei Wege geschehen: Entweder ergreife er die Flucht oder bleibe zurück. Bei der Flucht weigere er sich, in sich selbst hineinzusehen. Er verlagere seine Unruhe und Ungeduld nach draussen; bei den anderen oder an den Strukturen wolle er alles verbessern. Die Unzufriedenheit mit sich projiziere er auf andere und verbaue sich mit äusseren Reformen den Zutritt zum eigenen Seelengrund. Oder er fliehe in äussere religiösen Übungen. Eine dritte Möglichkeit, um sich nicht mit sich zu beschäftigen, sei das Ausprobieren ständig neuer spiritueller Formen. So treibe ihn

---

[128] Grün, Lebensmitte als geistliche Aufgabe, Münsterschwarzach 2014 (19. Auflage), 14
[129] Vgl. Grün, Lebensmitte als geistliche Aufgabe, Münsterschwarzach 2014 (19. Auflage), 16f

die innere Rastlosigkeit bald zu dieser, bald zu jener religiösen Praxis; eine neue Meditationsform folge auf die andere. Da er keine Form durchhalte, finde er nie zum eigenen Grund.[130] Zurückbleiben aber bedeute, sich in Prinzipienreiterei oder hinter Grundsätzen zu verschanzen, die nicht – oder nicht mehr - durch das eigene Leben abgedeckt seien. Häufig versteift er sich einfach auf die bisherigen Frömmigkeitsübungen. Damit komme man innerlich nicht weiter, werde hart und lieblos. Man schimpfe über andere, verurteile ihre moralische oder religiöse Laxheit und halte sich für den einzig Frommen, der den anderen zeigen müsse, was christliches Leben bedeute. Dass das eigene System nicht aus den Fugen gerate, sei einem wichtiger als die persönliche Begegnung mit Gott. Mit äusserem Tun und religiösem Aktivismus wolle man verdecken, dass zum eigenen Grund keine Beziehung bestehe, und Gott einem letztlich fremd sei. Vielmehr wolle man diesen in die eigene religiöse Praxis hineinzwingen.

4.3.3. Die Triplex Via als Ausweg

Die Krise der Lebensmitte fordere vom betroffenen Menschen das Eingeständnis, dass er sich im gegenwärtigen Moment nicht selber helfen könne. Dieses Eingeständnis korreliert mit dem ersten Schritt im Programm der Anonymen Alkoholiker, welcher heisst:
„Wir gaben zu, dass wir dem Alkohol gegenüber machtlos sind - und unser Leben nicht mehr meistern konnten."[131] Die Anonymen Alkoholiker sprechen von der Kapitulation als einem notwendigen Schritt auf dem Weg zu geistiger Gesundheit.
Auch für Grün ist diese Form der Selbsterkenntnis der erste Schritt aus der Krise heraus. In der Krise greife nämlich Gott

---

[130] Vgl. Grün, Lebensmitte als geistliche Aufgabe, Münsterschwarzach 2014 (19. Auflage), 18-21
[131] www.anonyme-alkoholiker.de (10.8.15)

selbst ein und führe den Menschen zur Erkenntnis seiner selbst. Der Heilige Geist beginne im Menschen zu wirken, indem dieser sich selbst erkenne. Das Umfeld meine, man müsse den Betroffenen vor den Erschütterungen schützen, dabei seien diese das Werk des Heiligen Geistes. Als Weg zur Selbsterkenntnis empfehle Tauler die Methode des ‚Bildern' oder Imaginierens. Der Krisenbetroffene lasse Bilder aus der eigenen Phantasie, dem eigenen Grund aufsteigen und entdecke so die Wurzeln und Grundlagen des eigenen Denkens und Handelns.[132]

Eine weitere Hilfe aus der Krise heraus sei die Fähigkeit, sich selber zu lassen. Für Tauler sei Gelassenheit, was die Bibel Selbstverleugnung nenne. Der Mensch solle seinen eigenen Willen aufgeben, um sich ganz Gottes Willen zu ergeben. Er müsse vieles lassen, damit es gut mit ihm werde - Böses, Eigenwilliges und Eigenmächtiges, manchmal sogar Gutes, wenn dieses den Fortschritt hemme. Menschen würden in der Lebensmitte häufig deshalb in eine religiöse Krise geraten, weil sie den Eroberungswillen, mit dem sie im Berufsleben erfolgreich gewesen seien, auch auf das religiöse Leben übertragen würden. Dabei käme es gerade darauf an, sich ganz Gott zu überlassen, ohne von ihm ständig Gaben wie Ruhe, Zufriedenheit, Sicherheit und religiösen Genuss zu fordern. Zur Gelassenheit gehöre auch die Bereitschaft zum Leiden. „Echter Friede wird allein aus dem Unfrieden der Läuterung im Gedränge geboren."[133] In der Krise der Lebensmitte gehe es um einen inneren Führungswechsel: Nicht mehr das eigene Ich, sondern Gott selbst solle die Führung übernehmen. Um reifer zu werden und in den eigenen Seelengrund vorzustossen, müsse man nicht ständig neuen Methoden nachlaufen. Während es für die

---

[132] Vgl. Grün, Lebensmitte als geistliche Aufgabe, Münsterschwarzach 2014 (19. Auflage), 27-33
[133] Tauler, zitiert bei Grün, Lebensmitte als geistliche Aufgabe, Münsterschwarzach 2014 (19. Auflage), 35

Jugend gut sei, sich zu üben und sich selbst Aufgaben zu stellen, müsse das reife Alter Gott erleiden.[134] Dies bedeute, Versuchungen ausgesetzt zu sein: „Wenn furchtbare Sturmwinde kommen, an der inneren Gelassenheit rütteln, äussere Versuchungen von Seiten der Welt, des Fleisches und des bösen Feindes – wer da hindurchbräche, der fände wirklichen Frieden, den ihm niemand nehmen könnte. Wer diesen Weg nicht geht, bleibt zurück und findet niemals rechten Frieden."[135]
Damit kommen wir zur Umkehr: Tauler empfiehlt dem Menschen in der Midlife-Krise drei Kehren, nämlich Einkehr, Abkehr und Zukehr: Einkehr bedeute, sich von aussen her zu sammeln und alle Kräfte in seinem Innern zu bündeln. So lerne der Mensch, sich selber – das eigene Leben, die eigenen Sünden und Schwachheiten - zu betrachten.[136] Unter Abkehr versteht Tauler „alles Falsche und Fadenscheinige vor Gott offen hinlegen und umkehren."[137] Die dritte Kehre meine Zukehr: In ihr ist es, als wenn der Mensch „einen überslag tete über sin vermügen, in das goetteliche abgrunde."[138] Die Zuwendung meint also den Sprung in den Brunnen der Begegnung mit dem Göttlichen.
Gott treibe die Menschen, sich im „Gedränge" einer Krise ihrem Seelengrund zuzuwenden, die eigene Ohnmacht und Schwäche zu erkennen und sich ganz dem Geist Gottes zu überlassen. Wenn man sich von dem befreie, was Gottes Wirken in einem behindere, würde Gott im Seelengrund geboren. Die Gottesgeburt – oder in der Sprache anderer Mystiker die unio mystica - ist das Ziel des geistlichen Weges nach Tauler. Die grösste Gefahr sei, dass man versuche, sich den Druck selbst zu nehmen durch Hinwendung nach aussen, Betrieb-

---

[134] Vgl. Grün, Lebensmitte als geistliche Aufgabe, Münsterschwarzach 2014 (19. Auflage), 33-38
[135] Tauler, zitiert bei Schneider, Krisis 107
[136] Vgl. Schneider, Krisis 109
[137] Schneider, Krisis 110
[138] Tauler zitiert bei Schneider, Krisis 111

samkeit, Sichfestklammern an religiösen Formen oder immerwährende äussere Veränderungen. Dies hindere Gott daran, in uns geboren zu werden. Die Bedingung für die Gottesgeburt im Menschen sei „die Kehre" nach innen. Gott werde einem innerlich geschenkt. Das Leben aus Gott gehe nicht mehr über den Willen allein, indem man sich vornehme, Gottes Gebote zu erfüllen, sondern es erwachse dem von Gott ergriffenen Herzen, welches durch Gottes Nähe ruhig und gelassen geworden sei. Die Krise der Lebensmitte sei eine Chance, zu echtem Menschsein durchzustossen und auf seinem Weg zu Gott einen entscheidenden Schritt voranzukommen. In diesem Wissen könne es der Mensch ruhig zulassen, dass Gott sein Haus umkehre und die vermeintliche Ordnung in seinem Inneren störe.

4.3.4. Paradigmenwechsel in der Mitte des Lebens

Die Sicht von Tauler auf die Midlife-Krise, welche Grün und Schneider im Wesentlichen übernehmen, bedeutet einen eigentlichen Paradigmenwechsel. Die Krise wird zu einem notwendigen Moment im Leben eines Menschen, um aus einem Lebenskonzept, welches auf Autonomie basiert, in einen Modus zu wechseln, der offen ist für Gottes Handeln. Dieser Wechsel entspricht dem, was im christlichen Leben unter Umkehr verstanden wird. Tauler und Grün gehen davon aus, dass eine Krise nicht pathologischer Natur ist, vielmehr sei sie notwendiger Teil der spirituellen Entwicklung. Die pathologische Dimension beginne allenfalls dort, wo der Mensch es versäume, dem Impuls zum inneren Richtungswechsel zu folgen. Nach Tauler entspricht der Bekehrung zu Beginn des christlichen Lebens eine zweite „Kehre" in der Mitte des Lebens. Am Anfang eines intensiven geistlichen Weges stehe nicht der Kampf, sondern die jubilatio, der Frühling der Gotttrunkenheit und Schöpfungsfreude. Erst in einer zweiten Phase führe Gott den Menschen auf die via purgativa. Er nehme ihm, um ihn in die Freiheit zu führen, die Süsse des Frühlings und gebe ihm statt Milch hartes Roggenbrot zu essen (Vgl. Taulers Predigt 40). Deshalb finde sich der Mensch im Sommer des geistlichen Lebens plötzlich in Bedrängnis, Anfechtung und Not. Diese machen die Krise der Lebensmitte aus.[139]

Tauler und Grün charakterisieren die Lebensmitte als eine religiöse Krise, weil „in der Krise vielmehr Gott selbst am Menschen handelt", und „in der Lebensmitte religiöse Themen auftauchen".[140] Letztere sind nun aber nicht unbedingt religiöse Insider-Themen wie Gebet, Schuldgefühle oder Sakramente, sondern bei diesen geht es um's Ganze: „In der Lebensmitte tauchen religiöse Themen auf. Da meldet sich der Schatten zu Wort, all das, was der Mensch bisher verdrängt hat."[141] So liegt es auf der Hand, dass religiöse Krisen keine Spezialform von Krisen sind. Vielmehr weisen Lebenskrisen eine religiöse Dimension auf, genauso wie sich ein Hadern mit Gott auch auf andere Lebensbereiche auswirken wird.

Aus spiritueller Sicht, so könnte man folgern, kommt der Midlife-Krise geradezu existentielle Bedeutung zu, um einen existentiellen Paradigmenwechsel im Leben eines Menschen anzuregen. Während es in der ersten Lebenshälfte darum gehe, das Profil des eigenen Ichs zu schärfen, geht es in der zweiten Lebenshälfte darum, sich mehr als Teil eines grossen Ganzen zu verstehen, bzw. die Gottesgeburt in der eigenen Mitte zuzulassen. Dieser Prozess geht einher mit körperlichen und psychischen Veränderungen, welche – zumindest ein Stück weit - wiederum durch gesellschaftliche Entwicklungen geprägt sein dürften.

---

[139] Vgl. Peng, Einführung ins geistliche Leben, 129
[140] Grün, Lebensmitte als geistliche Aufgabe, Münsterschwarzach 2014 (19. Auflage), 10
[141] Grün, Lebensmitte als geistliche Aufgabe, Münsterschwarzach 2014 (19. Auflage), 10

5.   Die Gestaltung von Übergängen

Die bisherigen Erörterungen haben ergeben, dass die These von der Midlife-Krise eine grundlegende Bedeutung in spirituellen Konzepten einnimmt. Der Dominikaner Johannes Tauler hat bereits im 14. Jahrhundert von der Krise in der Mitte des Lebens gepredigt. Der Jesuit Michael Schneider und der Franziskaner Richard Rohr haben die These im 20. und 21. Jahrhundert wieder aufgegriffen. Aber es gibt auch humanwissenschaftliche Erkenntnisse, die deutlich machen, dass in der Lebensmitte wichtige Entwicklungsschritte anstehen. „Die mittleren Jahre sind mit ihren vielen Verpflichtungen und Veränderungen sowie mit den damit verbundenen Fragen für viele bestimmt verunsichernd: Soll das schon alles gewesen sein? Wie soll der Rest meines Lebens (und das ist nicht gerade eine kurze Zeit) aussehen? Immer nach demselben Muster wie bisher? Ist das nicht unerträglich? Schaffe ich das unbeschadet bzw. ohne meiner Partnerschaft, meiner Familie zu schaden? … Das notwendige Ablegen alter Rollen und das Definieren der neuen kostet Kraft – aber der Aufwand lohnt sich allemal! Man schleppt dann nicht ungelöste und unterdrückte Aufgaben mit sich herum – sondern ist frei, sich vollumfänglich der neuen Lebensphase mit ihren spezifischen Aufgaben zu widmen – mit frischem Elan, aber auch mit viel Lebenserfahrung."[142]
Diese Krise ist verbunden mit dem Übergang von der ersten zur zweiten Lebenshälfte. Daneben finden im Leben des Mannes unendlich viele weitere Übergänge statt. In Kapitel 5 soll erarbeitet werden, wie diese Übergänge positiv beeinflusst werden können. Das Augenmerk soll darauf liegen, dass jeder

---

[142] Perrig, In der Lebensmitte, 144

Übergang seinen Ausgangspunkt im Menschen haben muss, da spirituelles Wachstum nicht von aussen antrainiert werden kann. Alle Unterstützungsprozesse sind bestenfalls ein Hebammendienst, welcher die Geburt zum weisen Mann begleiten. Der Aufbau des Kapitels: Übersicht über die Orte des Übergangs im Leben des Mannes (5.1.), und Ziele der Übergangsprozesse (5.2.). Anschliessend fragen wir: Welche Bedeutung haben Rituale (5.3.), bzw. genderspezifische Angebote (5.4.)? Da viele Männerangebote schamanischen Ursprungs sind, fragen wir auch, in wieweit diese mit einem christlichen Weltbild vereinbar sind (5.5.), bzw. wo die Vor- und Nachteile einer christlichen Spiritualität liegen, um Männer in Übergängen zu begleiten (5.6.)?

5.1.   Orte des Übergangs im Leben des Mannes

Bis jetzt stand die Midlife-Krise im Fokus der Betrachtung. Nun soll bedacht werden, ob diese nicht mit andern Übergängen im Verlauf des Lebens vieles gemeinsam hat, so dass sich auch die Bewältigungsstrategien in vielem gleichen könnten. Philippe Häni hat 2009 eine Arbeit zu Übergangsritualen für Jugendliche und junge Erwachsene[143] veröffentlicht. Darin wird deutlich, dass es bei der Pubertät weitgehend um ähnliche Prozesse geht, nämlich um Trennung, Übergang und Integration: Trennung, von dem, was hinter einem liegt, Übergang verbunden mit Unsicherheiten, sowie Integration und Integrationsschwierigkeiten bei dem, was einem für die Zukunft vorschwebt. Ein wichtiges Thema in der Pubertät ist die Frage nach der eigenen Identität. „Im Zentrum der Adoleszenz, bzw. der Pubertät, steht die Identitätsproblematik. Identität bezeichnet ‚die Beschaffenheit des Selbst als einmalige und unverwechselbare Person durch die soziale Umgebung und

---

[143] Häni, Look at the wilde side, Bern 2009

durch das Individuum selbst.' Es bezeichnet das, was jemand ,wirklich' ist."[144] In der Pubertät erfahre sich der Jugendliche erstmals selbst als ein Geheimnis, mit dem auch Abgründe verbunden sind. Auf der Suche nach Antworten auf die Frage ,wer bin ich?' suche er nach Grenz- und Tiefenerfahrungen.[145] Auch in der Mitte des Lebens kann die eigene Identität plötzlich wieder neu zur Frage werden, etwa dann, wenn jemand die Arbeitsstelle verliert, oder die zentrale Beziehung wegbricht. Da wiederholen sich Fragen, von denen man meinte, sie seien bereits für das ganze Leben beantwortet. Diese lauten: Wer bin ich? Was ist mir wichtig? Wofür lebe ich? Bei Menschen im Umbruch mangelt es an Übersicht und Orientierung. Der Verlust von Alltagsplausibilitäten und sinnstiftenden Gewohnheiten verursacht Angst. Mit dieser gehen Männer verschiedenen Alters möglicherweise anders um: „Der Erfolg von Brutalo- und Horror-Videos beruht wohl darauf, dass sie den Jugendlichen helfen, ihre Angst zu kanalisieren, auch wenn sie einen anderen Ursprung hat. Es führt fatalerweise dazu, dass sie ihre Angst ins Imaginäre und Virtuelle projizieren. Tragisch dabei ist, dass das Veränderungspotential, das der Adoleszenz eigen ist, ungenutzt bleibt."[146] Wieweit auch Männer im mittleren Alter gerne Filme mit Gewaltexzessen suchen, ist mir nicht bekannt, aber Action-Thrillers und schnelle Autos sind auch bei ihnen im Trend. Grenzerfahrungen und die Suche nach Nervenkitzel können Kanäle sein, um von der auftretenden Angst abzulenken. Bei den meisten Übergängen ist schwer voraussehbar, wie viel Zeit deren Bewältigung in Anspruch nimmt. Der Prozess von Trennung, Übergang und Integration dauere beim Übergang von der Kindheit in die Erwachsenenwelt etwa zehn bis 25 Jahre. Die Kindheit ende mit ca. 10 Jah-

---

[144] Häni, Look at the wilde side, 48
[145] Vgl. Häni, Look at the wilde side, 55
[146] Häni, Look at the wilde side, 41

ren, danach folge der Übergang zur Jugendphase, die mit dem Erwachsensein im Alter von etwa 25-35 Jahren ende.[147]
Noch an weiteren Punkten der männlichen Biographie stehen Veränderungen an, die die eigene Identität in Frage stellen und Unsicherheit mit sich bringen können. Von der Quarter Life Crisis (QLC; vgl. 3.3.) war bereits die Rede. Aber auch der Auszug aus dem Elternhaus bringt viele Veränderungen mit sich, sowie auch die Studien- und Berufswahl manchmal schlaflose Nächte verursachen. Für einige Männer ist der Übergang in den Beruf von Unsicherheiten geprägt. Sie scheuen sich davor, nun selbstverantwortet zu leisten, was sie zuvor unter Aufsicht getan haben. Ein weiteres Feld, wo Übergänge auftreten, bildet der Bereich der Partnerschaft. Das Eingehen einer neuen Partnerschaft und der Bezug einer gemeinsamen Wohnung setzt hohe Ansprüche an die Betroffenen, ebenso die Entscheidung für oder gegen eine Heirat. Auch Trennungen sind verbunden mit Trauer, Übergang und Neuausrichtung, ebenso Krankheiten.
Auch in der zweiten Lebenshälfte stehen noch Veränderungsprozesse an, so der Auszug der Kinder aus der gemeinsamen Wohnung, ein Wechsel oder Verlust der Arbeitsstelle, und später der Übergang vom Erwerbsleben in den Ruhestand. Eine Trennung oder Scheidung ist auch im vorgerückten Alter möglich, und irgendwann einmal wird der eine oder andere seine Partnerin, seinen Partner durch den Tod verlieren. Die letzten Herausforderungen sind dann die Aufgabe des selbständigen Wohnens, der Übertritt ins Alters- oder Pflegeheim und das eigene Sterben.
Es versteht sich von selber, dass nicht jeder Übergang für jeden Mann gleich anspruchsvoll ist. So weisen Studien nach, dass eine Arbeitslosigkeit in jungen Jahren schwieriger zu bewältigen ist als in späteren Jahren.

---

[147] Vgl. Häni, Look at the wilde side, 37

Es scheint, dass das Fallen in der Mitte des Lebens fast unvermeidlich und auch nötig ist, damit sich der Mann in seinem Leben weiterentwickeln kann. Ohne das Scheitern bleiben nötige Entwicklungsschritte aus. Ob dieses als Krise erlebt wird, ist von Mann zu Mann unterschiedlich. Meistens aber stellen sich damit verbunden entscheidende Fragen zur eigenen Identität: Wie realistisch waren die eigenen Jugendträume? Welche konnte ich realisieren, was steht noch aus? Wie möchte ich meine Zukunft gestalten, wie älter werden? Gibt es in mir brach Liegendes, das ich noch zum Leben erwecken möchte?[149]

5.2.1. Das Scheitern begleiten

Die angedeuteten Fragen erwecken den Eindruck, es handle sich bei der Suche nach der eigenen Identität primär um eine rationale Angelegenheit, welche durch den menschlichen Geist geklärt und darauf durch seinen Willen gestaltet werden kann. Dem dürfte selten so sein; und zwar allein schon deshalb, weil mit dem damit verbundenen Prozess der Selbsterkenntnis ein ganzer Strauss von emotionalen Aspekten verbunden ist. Die eigene Identität wird dem Menschen ja meistens erst zur Frage, wenn seine Selbstinterpretation brüchig geworden ist, was sich im unangenehmen Gefühl der Orientierungslosigkeit äussert: „Das Nicht-mehr-Funktionieren-Können, das Scheitern, gehört zu den grossen Tabus unserer ‚coolen' Gesellschaft."[150] Das Scheitern wird von den Betroffenen am liebsten ausgeblendet, dabei wäre die Auseinandersetzung damit eine wichtige Vo-

---

[148] Die Ziele sind anhand der Bewältigung der Midlife-Krise formuliert, können jedoch leicht auf andere Übergänge adaptiert werden.
[149] Vgl. Perrig, In der Lebensmitte, 148
[150] Perrig, In der Lebensmitte, 147

raussetzung dafür, um die eigene Persönlichkeit weiterentwickeln zu können.

Eine wichtige spirituelle Einsicht liegt für Richard Rohr darin, „dass der Weg nach oben der Weg nach unten ist."[151] Dies ist an sich nichts Neues, Jesus selber formuliert es ähnlich: „Wer sein Leben retten will, wird es verlieren; wer aber sein Leben verliert um meinetwillen, wird es retten." (Lk 9,24) Mit dem Weg nach oben, wird gemeinhin Erfolg in Verbindung gebracht, mit jenem nach unten das Scheitern. Richard Rohr hat Recht, wenn er das Paradox von Kreuz und Auferstehung das bestgehütete Geheimnis nennt. Obwohl es eigentlich die Mitte des christlichen Glaubens ausmacht, tun sich die Menschen, auch wenn sie Christen sind, schwer damit. Was soll es bedeuten, dass Jesus Christus, Gottes Sohn, uns zum Vorbild, den Weg des Leidens vorausgegangen ist und dadurch in der Auferstehung neues Leben bekommen hat?

Das Scheitern sei eigentlich ein Kraftort: „Oft können wir erst dann überhaupt etwas Neues hören, wenn unser Ego in Trümmern liegt."[152] Wirkungsvoll ist dieser Ort vor allem deshalb, weil sich Gott selber in der Tiefe der Dinge verberge und gerade im Ausloten des eigenen Scheiterns und Versagens gefunden werden könne.[153]

Die spirituelle Bedeutung des Wegs nach unten drückt Rohr mit der sprachlichen Neuschöpfung des „Nach-oben-Fallens" aus: „Was wie ein Fallen erscheint, kann durchaus als eine Bewegung nach oben oder nach vorne erlebt werden, in eine weitere und tiefere Welt hinein."[154] Zeugnishaft fügt er dem seine Erfahrung bei: „Ich bin in meinem Leben oft gefallen, sei es in Beziehungen, im Beruf, emotional oder körperlich, doch immer gab es einen Trampolineffekt, der bewirkte, dass ich letztlich

---

[151] Rohr, Reifes Leben 20
[152] Rohr, Reifes Leben 37
[153] Vgl. Rohr, Reifes Leben 135
[154] Rohr, Reifes Leben, 195

nach oben gefallen bin. Kein Fall war endgültig, vielmehr trug jeder einzelne dazu bei, mir neuen Schwung zu geben."[155] So bleibt für die Gestaltung eines Übergangs die Aufgabe, „gut" zu fallen. Für die Begleitung von Menschen in Übergangssituationen kann das heissen: Weil sich Betroffene gerade im Scheitern häufig allein fühlen, ist für sie wichtig, dass es jemanden gibt, dem sie sich als „Gescheiterte" zumuten können. Dieser Jemand kann ein verständiger Freunde oder ein Therapeut sein, manchmal braucht es beides. Für das gute Fallen scheint es bedeutsam zu sein, dass sich Betroffene mit der Erfahrung des Scheiterns auseinandersetzen, dieser nicht ausweichen und sich ihren Verwundungen stellen. Für die Begleitperson ist Zurückhaltung geboten; es ist nicht deren Aufgabe, Stolpersteine aus dem Weg zu räumen oder den Blick auf offene Wunden unsichtbar zu machen. Betroffene fragen sich immer wieder, wie tief hinunter die Reise denn noch gehe. Tauler ermutigt, das Gedränge und Rumoren im eigenen Innern nicht vorzeitig abzustellen, sondern darauf zu vertrauen, dass der Geist selber die Wende herbei führe. Rohr fügt bei: „Jeder Versuch, Ihre eigene Erleuchtung in die Wege zu leiten oder zu planen, ist zum Scheitern verurteilt, da er vom Ego getrieben ist."[156] Hilfreich für Betroffene ist es, zu wissen, dass der freie Fall nicht unendlich lang andauert, und irgendwann der Sprung auf das von Rohr erwähnte Trampolin an der Reihe ist, welches die Blick- und Fallrichtung umzupolen vermag, so dass wir nach oben fallen.

5.2.2. Die Prozesse lebendig halten

Um sich im Leben weiterzuentwickeln, braucht es einen unverkrampften Umgang mit den eigenen Fehlern. Dazu gehört, dass man sich die Erlaubnis gibt, solche überhaupt zu machen,

---

[155] Rohr, Reifes Leben, 200
[156] Rohr, Reifes Leben 106

denn „wir reifen spirituell viel mehr, wenn wir Fehler machen, als wenn wir alles richtig machen."[157] Manchmal muss der eingeschlagene Weg einfach einmal ein Stück weit gegangen worden sein, um beurteilen zu können, ob die getroffene Entscheidung stimmig gewesen ist. Zu einer gelebten Fehlerkultur gehört aber auch, dass man zu den gemachten Fehlern zu stehen vermag, und – falls Schaden verursacht wurde – diesen auch wieder gut macht. Eigentlich gibt es kein Leben, das nicht der Umkehr bedarf. Tauler empfiehlt dem Menschen sogar drei Kehren (vgl. 4.3.3.). Gemäss ihm geht es bei Umkehr dann auch nicht nur um einen guten Umgang mit den eigenen Fehlern, sondern noch viel mehr um die Zuwendung und eine lebendige Beziehung des Menschen zu seinem Gott. Zweifellos gelingt es diesem besser zu seinen eigenen Fehlern zu stehen und die Führung Gott zu überlassen, wenn er demütig auf seinem Weg geht. Nach Rohr geht es überdies in der Spiritualität häufig mehr um ein Verlernen als um ein Lernen.[158] Gemeint sein könnte damit, dass wir bereit werden, lebenshindernde Verhaltensmuster aufzugeben; zum Beispiel das Schweigen, wenn es wichtig wäre zu reden, aber auch das Umgekehrte ist denkbar: Einige müssen lernen zu schweigen, um besser zu spüren, worum es überhaupt geht.
Ob Lernen oder Verlernen – zum Prozess gehört dazu, dass wir uns beim Übertritt in die zweite Lebenshälfte den Aufgaben stellen, die in unserer ersten Lebenshälfte zu kurz gekommen sind. „Viele von uns können nicht weitergehen, weil sie die erste Aufgabe noch nicht erfüllt haben, aus der letzten Aufgabe nichts gelernt haben…"[159] Im ersten Teil des Lebens geht es darum, einen Habitus aufzubauen, der zu einem passt. Wo dies in der ersten Lebenshälfte nicht geschehen ist, soll dies

---

[157] Rohr, Reifes Leben 25
[158] Vgl. Rohr, Reifes Leben 141
[159] Rohr, Reifes Leben 63

nachgeholt werden: „Man muss zuerst eine Egostruktur aufbauen, bevor man diese loslassen und hinter sich lassen kann."[160] Das bedeutet, für sich und seine Bedürfnisse einzustehen und diese zu integrieren. Auf diese Weise übernimmt der Mann Verantwortung. Zuweilen kommt es vor, dass Jugendliche in der Schule kaum Fortschritte machen. Wenn sie dann später im Leben ihre eigenen Ziele entdecken, lernen sie plötzlich ganz von selbst. Darum geht es in der Schattenarbeit, die nach Rohr für unser spirituelles Wachstum wichtig ist: „Es ist schon eine grosse Überraschung, dass Menschen nur dann zu ihrem vollen Bewusstsein gelangen, wenn sie mit ihrem Schatten boxen, sich ihren eigenen Widersprüchen stellen und sich mit ihren Fehlern und Schwächen anfreunden."[161] Das Bild vom Schatten hängt zusammen mit dem des Lichts. Die Lichtseite des Menschen ist die, mit welcher er sich gern identifiziert, und die er nach aussen sichtbar macht. Den Schatten bilden die inneren Widersprüche und Verwundungen, die man am liebsten aus dem eigenen Bewusstsein ausschliesst. Wer sich aber im Leben mit seinen eigenen Schwächen und Fehlern anfreundet, erlebt Erlösung: „Sünde und Erlösung sind zwei Begriffe, die sich gegenseitig ergänzen. Erlösung bedeutet nicht, Sünde komplett zu vermeiden, wie es das Ego gern hätte, sondern: Erlösung ist Sünde, die auf den Kopf gestellt und zu unserem Vorteil benutzt wird ..."[162] Mir scheint es wichtig zu sein, dass Menschen mit den eigenen Persönlichkeitsanteilen, die sie als dunkel erleben, in Kontakt bleiben. Wenn sie sich mit diesen auseinandersetzen, werden sie Wege finden, um mit sich und ihrer Umwelt liebevoller umzugehen. Damit ist Erlösung kein endzeitlicher Begriff, sondern sie ereignet sich bereits heute, wo Menschen mit sich in einem lebendigen

---

[160] Rohr, Reifes Leben 45
[161] Rohr, Reifes Leben 178
[162] Rohr, Reifes Leben 101

Prozess stehen. Dieser ist zu umschreiben mit den Stichwörtern lernen und verlernen, Fehler machen und umkehren. Manchmal möchte man auf diesem Weg am liebsten aufgeben. Einem Wegbegleiter kommt für diesen Fall die entscheidende Bedeutung zu, dem Mutlosen Mut zu machen, er solle dran bleiben und seinem Schatten nicht ausweichen.

5.2.3. Vor dem Burn-out bewahren

Wer sich – wenn auch ungern – auf das Scheitern einlässt und sich auch sonst im Leben Fehler erlauben kann, ist weniger gefährdet, einem Burn-out zu verfallen. Manchmal erkennen Betroffene zwar, dass ihre Identität in Schieflage geraten ist. Sie sehen sich aber ausserstande, aufgrund von Zwängen, Verantwortlichkeiten und dem Mangel an Alternativen, aus „ihrem" Hamsterrad auszubrechen. Je nach Persönlichkeit werden sie dann langsam ausbrennen, still vor sich hin leiden, in alten Rollen verharren - oder aber abrupt ausbrechen.[163] Letzteres wäre wohl am gesündesten, hat aber auch den Nachteil, dass es das persönliche Umfeld ziemlich erschrecken kann. Auf die Gefahren der Erstarrung bzw. der Flucht in Aktivismus oder Oberflächlichkeit (vgl. 4.3.2.) haben wir im Zusammenhang mit Johannes Tauler schon aufmerksam gemacht. Eigentlich beschreibt er schon im 14. Jahrhundert, was wir heute als Burn-out bezeichnen. Beide Verhaltensweisen – ob Erstarrung oder Flucht in Aktivismus - vermeiden die Auseinandersetzung mit dem, was das Leben an uns Menschen heranträgt. Männer dürften sich schwerer tun als Frauen, Gefühle der Traurigkeit und der Verzweiflung zuzulassen: „In der Männerarbeit haben wir herausgefunden, dass die Unfähigkeit oder die Weigerung, ihre tiefe Traurigkeit auszuhalten, sich bei vielen Männern in einer ziellosen Wut ausdrückt. Es gibt nur einen einzigen Weg, zum Grund ihrer Wut zu gelangen: Sie

---

[163] Vgl. Perrig, In der Lebensmitte, 148

müssen in den Ozean ihrer Traurigkeit eintauchen. Männer können nicht weinen, wenn ihnen danach zumute ist, deshalb verwandeln sie ihre Tränen in Zorn, und manchmal sammeln sich diese Tränen in ihrer Seele an: als tiefe Depression."[164] Mir ist nicht ganz wohl, wenn Traurigkeit und Wut bei Richard Rohr gegen einander ausgespielt werden. Denn beide bilden nach Evagrius die Vorstufe der schwerer zugänglichen und bearbeitbaren Akedia. Bei Wut und Traurigkeit besteht aber, anders als bei der Akedia, noch die Möglichkeit, diese auch verbal auszudrücken. Vielleicht liegt das Heikle an der von Rohr beschriebenen Wut darin, dass sie sich angestaut hat, ohne dass die betroffene Person sich dies bewusst ist, und sich diese Wut im erstbesten Moment ziellos gegen Unbeteiligte entladen kann. Das Burn-out und die Depression sind häufig verbunden mit Erstarrung und Sprachlosigkeit. Ein kritisches Nachdenken ist für die betroffene Person dann nur noch schwer möglich.

Für die Begleitung von Menschen, die Gefahr laufen auszubrennen, ist ein gutes Mass an Empathie nötig, welche hilft, Verstummtes wieder hörbar zu machen, und Verstocktes in Bewegung zu bringen.

5.2.4. Mit sich und der ganzen Schöpfung verbunden sein

Die besprochenen Ziele dienen dazu, „ein Leben in Fülle" (Joh 10,10) zu ermöglichen. Dazu gehört auch, dass es dem einzelnen gelingt, sein Leben mit seinen persönlichen Wertvorstellungen in Einklang zu bringen. Ist dies der Fall, sagen wir, eine Person sei integer. Ein integres Leben ist nicht nur eine Frage des Willens, sondern wesentlich auch ein Geschenk der Gnade. Integrität bedeutet, dass ein Mann mit seiner Innenwelt und dem Ganzen der Schöpfung – und dem Schöpfer – verbunden ist. Nach Richard Rohr ist dies Odysseus in exemplarischer

---

[164]Rohr, Reifes Leben 178

Weise gelungen. Dieser stelle mit seiner äusseren Reise eine Verbindung zum ‚Inland‘, seiner Innenwelt her. Das sei eine wichtige Aufgabe der zweiten Lebenshälfte.[165] „Integrität hat grösstenteils damit zu tun, unsere Absichten zu läutern und ehrlicher gegenüber unseren eigentlichen Motiven zu werden.“[166] Dazu gehört ein neuer Umgang mit den eigenen Schwächen und Fehlern: „Unsere Fehler sind etwas, das Mitleid und Heilung verdient, nicht etwas, das wir hassen, verleugnen oder vollkommen vermeiden müssten. Ich glaube nicht, dass wir versuchen sollten, uns von unseren Sünden zu befreien, bevor wir nicht verstanden haben, was sie uns lehren wollen.“[167] Ich lese in diesen Worten von Richard Rohr nicht die Ermunterung, sich möglichst ungeniert einem lasterhaften Leben hinzugeben. Vielmehr lädt er dazu ein, Widersprüchlichkeiten in der eigenen Person genauer anzusehen und zu versuchen, diese besser zu verstehen. Das kann ein wichtiger Schritt in einem spirituellen Wachstumsprozess sein.

Zu unserer Vorstellung von Integrität gehört auch die religiöse Dimension. „Glaube bedeutet einfach, der Wirklichkeit zu vertrauen und darauf, dass Gott in ihr ist.“[168] Die Verbindung zwischen dem Inneren des einzelnen Menschen und der ganzen Schöpfung wird ermöglicht durch die Kraft des Heiligen Geistes. „Der Heilige Geist ist der Aspekt Gottes, der weitgehend von innen heraus und ‚heimlich‘ auf ‚der tiefsten Ebene unseres Sehnens‘, arbeitet,“[169] und „Heimat ist ein anderes Wort für den Geist, der wir sind, unser Wahres Selbst in Gott.“[170] Ersteres sagt etwas über das Wirken des Heiligen Geistes, das zweite beschreibt den Zustand des Menschen,

---

[165] Vgl. Rohr, Reifes Leben 39
[166] Rohr, Reifes Leben 17
[167] Rohr, Reifes Leben 102
[168] Rohr, Reifes Leben 104
[169] Rohr, Reifes Leben 130
[170] Rohr, Reifes Leben 131

wenn dieser bei sich ist. Ich halte es für eine besondere Stärke der Argumentation, dass der menschliche Geist zur Ruhe kommt und Heimat erfährt, wenn er sich mit Gott verbunden fühlt. Dass ein Mensch dies erfahren darf, ist aus christlicher Überzeugung mehr die Folge von Gottes Wirken im einzelnen Menschen als das Resultat eigener Anstrengung. Spirituelles Wachstum erfolgt wesentlich in Phasen des Reifens und Geschehen-Lassens: „Das innere Leben der Stille, des Alleinseins und der Kontemplation ist der einzige Weg, der dir bleibt, um deinen Grund und Sinn zu finden. An keinem anderen Ort sollst du nach Unterstützung suchen."[171] Damit ist der passive Charakter des Erlösungsgeschehens hervorgehoben. Es sollte aber an dieser Stelle auch nicht vergessen werden, was über Schattenarbeit und Lernkultur gesagt worden ist. Diese beiden Aspekte bringen mit sich, dass spirituelle Erfahrung nicht einfach nur Tröstung bedeuten kann. „Eine authentische Gotteserfahrung ist per definitionem immer ,zu viel'. Sie tröstet unser wahres Selbst erst, nachdem sie unser falsches Selbst zerstört hat."[172] Hier scheint das Moment der Krisis auf, welche richtet und aufrichtet (vgl. 4.2.2.).

5.3. Die Bedeutung von Ritualen

Es gibt unterschiedliche Wege, um die unter 5.2. beschriebenen Zielsetzungen bei der Gestaltung von Lebensübergängen zu verfolgen. Unterstützt werden können solche Prozesse sowohl in therapeutischer Einzelarbeit als auch mittels Gruppenarbeit. Letztere kann in gemischt geschlechtlicher Zusammensetzung oder auch genderspezifisch stattfinden. Besondere Bedeutung haben im Kontext der Männerarbeit die Männergruppen, die in den 80er- und 90er-Jahren des zwanzigsten Jahrhunderts ent-

---

[171] Rohr, Reifes Leben, 209
[172] Rohr, Reifes Leben 63

standen sind. Deren Zahl sei in der Schweiz bis heute stetig gewachsen, ohne dass die Öffentlichkeit davon Notiz genommen hätte, ist Bernhard Stricker überzeugt.[173] Inwieweit dies tatsächlich der Fall ist, konnte im Rahmen dieser Studie nicht überprüft werden. Männergruppen wurden häufig auch im Umfeld von Kirchgemeinden und kantonalkirchlichen Stellen ins Leben gerufen und haben im Gefüge einer Gemeinde ihren spezifischen Platz.

Wichtig scheint für Prozesse, die Selbsterkenntnis und Integrität fördern möchten, dass ein Austausch nicht nur auf verbaler Ebene erfolgt, sondern gemeinsame Erfahrungen auch im Bereich von Körper und Emotionalität gemacht werden können. Eine besondere Bedeutung kommt daher Ritualen zu.

Während in früheren Zeiten Kirche und Gesellschaft Kollektivrituale zur Verfügung gestellt haben, ist deren Bedeutung in den letzten Jahren zurückgegangen. Rein zahlenmässig nehmen heute weniger Personen daran teil, als dies früher der Fall gewesen ist. Solche Rituale sind die Kindertaufe im Nachgang der Geburt, Firmung und Konfirmation im Kontext des Erwachsenwerdens, Einbürgerungsfeiern bei Erreichung der Volljährigkeit, sodann Heirat, Pensionierungsfeiern und Abdankungen. Perrig macht darauf aufmerksam, dass Lebensläufe immer weniger einer allgemeinen Ordnung folgen, sondern eher aufgrund individueller Entscheidungen zustande kommen. Somit seien Übergänge weniger als früher antizipierbar, und Riten, welche die Übergänge in die verschiedenen Lebensphasen erleichtert haben, seien heute zunehmend im Schwinden begriffen. Gleichzeitig werde aber auch zunehmend deutlicher, dass der Mensch Rituale brauche.[174] Noch stärker formuliert Rohr dieses Bedürfnis: „Wir Menschen im Westen sind rituell ausgehungert, und das unterscheidet uns

[173] Vgl. Stricker, Mensch Mann, 12
[174] Vgl. Perrig, In der Lebensmitte, 24

grundlegend von den meisten Völkern im Lauf der Geschichte."[175] Er kritisiert, dass die Sakramente der Kirche zum grössten Teil darauf ausgelegt seien, uns innerhalb der Herde zu halten und als loyale Soldaten der Kirche an die Geistlichkeit zu binden.[176] Dabei ginge es bei einem richtigen Ritual um etwas ganz anderes, nämlich „ ‚zu sterben, bevor man stirbt'. Wenn Sie Ihren loyalen Soldaten entlassen, wird es sich anfänglich so anfühlen, als hätten Sie Ihren Glauben oder Ihr Selbst verloren. Doch dies ist nur der Tod des falschen Selbst und meist genau der Moment, in dem die Seele geboren wird."[177] Damit macht Richard Rohr deutlich, worum es bei einem Ritual geht.

Im Rahmen dieser Studie führte der Verfasser sieben Interviews (siehe 10. Anhang) mit Anbietern von Ritualen im Zusammenhang mit der Midlife-Krise. Darin sagen unterschiedliche Männer, worum es bei Ritualen gehe: Rodiger-Leupolz nimmt das Bild von Tod und Wiedergeburt auf: „Christlich gedeutet geht es um ein Abschiednehmen, eine Grabeszeit, und dann wieder ein Sich-Auferwecken-Lassen in das Leben zurück. Das kennzeichnet für mich ein Ritual, im Unterschied zu einfachen rituellen Handlungen im Alltag."[178]

Für Schäfer ist der Ort wichtig, wo ein Ritual stattfindet. Er präferiert dafür die Natur, was dazu führt, dass alles „unter der Zeugenschaft der Natur" geschieht. Wir seien es gewohnt, „ein Thema im Kopf durchzudenken, etwas anderes sei es aber, wenn man es in einem Raum – und erst recht eben in der freien Natur – durchlebe. Wichtig sei, dass Körper und Geist gemeinsam angesprochen würden. Dies geschehe etwa durch „monotonen Reizentzug, Fasten und Schwitzen". Von einem

---

[175] Rohr, Reifes Leben 85
[176] Vgl. Rohr, Reifes Leben 85
[177] Rohr, Reifes Leben 91
[178] Interview mit Rodiger-Leupolz (Anhang 10.7.)

Ritual ginge eine verändernde Wirkung aus. Dafür sei eine gute Vorbereitung nötig.[179]

Für Ehrat ist „die Intention, die Absicht oder das Anliegen", welches der einzelne mit einem Ritual verfolgt, das Entscheidende. Im Ritual öffne sich der einzelne der schöpferischen Intelligenz und nütze deren Lebenskraft für sein Anliegen; oder man könnte auch sagen: Der Wille des einzelnen ordne sich einem grösseren Ganzen unter.[180]

Peill macht mit Gasser, Büchel und Rodiger-Leupolz auf die formalen Aspekte des Rituals aufmerksam: „Es hat einen festen Anfang, ein festes Ende und einen festen Ablauf. Damit bietet es einen Schutzraum, in welchem Dinge geschehen, die dem Alltag fern sind. Im Ritual wird ein heiliger Raum eröffnet, in dem neue Erfahrungen gemacht werden können."[181] Er verweist wie auch Büchel auf Parallelen zu kirchlichen Ritualen: „Ein Gottesdienst ist ebenfalls ein Ritual mit festen Bestandteilen und einem klaren Anfang und Ende. Die Kirche ist ein heiliger Raum, ein Tempel, welcher für das Ritual geschmückt wird. In dem ich mich auf das Geschehen einlasse, Kopf und Herz beruhige, kann ich den Alltag loslassen."[182] Gasser bringt einen weiteren formalen Aspekt ein: „Ein Ritual macht man mit mehr als zwei oder drei Leuten." Peill verweist ähnlich wie Schäfer auf den Veränderungscharakter von Ritualen auf einer mentalen Ebene: In der Kirche würde Weihrauch, im Tantra würden Räucherstäbchen verbrannt. Dadurch werde das Alltagsbewusstsein auf eine andere Ebene gehoben. Mit Hilfe von Gerüchen und einer Verlangsamung des Geschehens könne eine Art von Trance herbeigeführt werden, welche den Weg auf eine andere Bewusstseinsebene öffnet. Peill macht darauf

---

[179] Vgl. Interview mit Schäfer (Anhang 10.2.)
[180] Vgl. Interview mit Ehrat (Anhang 10.1.)
[181] Interview mit Peill (Anhang 10.3.)
[182] Interview mit Peill (Anhang 10.3.)

aufmerksam, dass ein Ritual durch Wiederholung verstärkt werden kann.[183]

Gasser weist auf eine weitere Qualität hin: Rituale vertragen keine Zuschauer; sie seien nicht etwas, was man für andere inszeniere, sondern leben davon, dass alle Beteiligten sich aktiv eingeben.[184] Büchel ist es wichtig, dass man genau so bewusst wie man in ein Ritual eintrete, auch wieder daraus heraustrete,[185] und Gasser findet es sinnvoll, nach dem Ritual über das Erlebte auszutauschen. Das sei dann zwar nicht mehr Teil des Rituals im engeren Sinne, aber helfe dabei, dass dieses weiter wirke.[186]

In den Stellungnahmen der befragten Experten wird deutlich, dass die Anforderungen an Rituale im Wesentlichen mit denen deckungsgleich sind, die im kirchlichen Raum an die Gestaltung der Sakramente gestellt werden; so der feste Ablauf und die aktive Teilnahme der Beteiligten – zur Feier etwa der Eucharistie bedarf es einer mitfeiernden Gemeinde und die bewusste Gestaltung des Raumes, in welchem das Ritual stattfindet. Das Gespräch mit Ritualgestaltern hat deutlich gemacht, dass weitgehend von einem gemeinsamen Ritualverständnis innerhalb und ausserhalb der Kirche ausgegangen werden kann – und zwar bis hin zu inhaltlichen Aspekten. Verschiedene Anbieter von Männerritualen machen etwa darauf aufmerksam, dass transzendente Mächte involviert seien – Schäfer spricht von einer tieferen Weisheit[187], Silver von höheren Mächten.[188] Dieses gemeinsame Verständnis ermöglicht es einerseits, beim Nachdenken über Übergangsrituale innerhalb der Kirchen der eigenen Ritualkompetenz zu vertrauen. Ande-

---

[183] Vgl. Interview mit Peill (Anhang 10.3.)
[184] Vgl. Interview mit Gasser (Anhang 10.4.)
[185] Vgl. Interview mit Büchel (Anhang 10.5.)
[186] Vgl. Interview mit Gasser (Anhang 10.4.)
[187] Vgl. Interview mit Schäfer (Anhang 10.2.
[188] Vgl. Interview mit Silver (Anhang 10.6.)

rerseits machen nicht-kirchliche Ritualgestalter auf Dinge aufmerksam, die den meisten von uns zwar plausibel sind. Gleichwohl werden diese in der Praxis zuweilen vernachlässigt; so etwa der Grundsatz, dass ein Ritual keine Zuschauer erträgt, nicht zu kopf- und wortlastig sein darf[189] und der Gestaltung des Raums Bedeutung zugemessen werden muss.[190] Wenn dem zu wenig Bedeutung beigemessen wird, liegt darin möglicherweise ein Grund, warum Männerrituale mehr ansprechen als die Rituale in den Grosskirchen.

5.3.1. Zur besonderen Bedeutung von Übergangsritualen

In Kapitel 5.1. wurde deutlich, dass unser Leben nicht nur einige wenige Übergänge kennt, sondern deren viele. Diese würden zwar jeweils nicht unser ‚ganzes' Leben verändern, aber seien echte Schritte auf unserem Weg. Sie verdienten es, gefeiert und ernst genommen zu werden, so der Schulabschluss, die Fahrprüfung, der Lehrabschluss, der Auszug aus der elterlichen Wohnung usw.[191] In der heutigen Zeit ist es kaum mehr möglich, diese Übergänge kollektiv zu begehen, weil sich die Biographien eben sehr individuell entwickeln würden. Ein Übergangsritual helfe, eine Veränderung im Leben bewusst zu vollziehen. Dafür sei es unumgänglich, dass einem deutlich ist, was man in seinem Leben überhaupt verändern möchte.[192]

Arnold van Gennep hat 1909 den Begriff der „rites de passage"[193] geprägt. Übergangsriten dienten zur Absicherung des Zwischenzustandes zwischen dem Anfang und dem Schluss eines Lebensübergangs. Ein solcher folge dem dreistufigen Prozess Trennung (séparation), Übergang (marge) und Integra-

---

[189] Vgl. Interview mit Rodiger-Leupolz (Anhang 10.7.)
[190] Vgl. Interview mit Peill (Anhang 10.3.) und Büchel (Anhang 10.5.)
[191] Vgl. Flammer August in Häni, Look at the wilde side, 53
[192] Vgl. Häni, Look at the wilde side, 9
[193] Vgl. Van Gennep, Übergangsriten, Frankfurt a.M. 1986

tion (agrégation).[194] Übergangsrituale haben die Bedeutung von biographischen Merkpunkten, die einem auch noch später in Erinnerung rufen, was an einem bestimmten Ort der Biographie zu entscheiden war und warum und wie diese Entscheidung getroffen wurde. Bezogen auf die religiöse Biographie kann eine bewusst vollzogene Firmung, Konfirmation oder Trauung einen solchen Marker setzen. Pedro Lenz meint, dass eine solche Wirkung sogar von einem Ritual ausgeht, zu welchem sich der Betroffene nicht einmal bewusst entschieden hat: „Werde ich gefragt, warum ich nicht aus der Kirche austrete, sage ich, der Gedanke, mich von der Taufe loszusagen, sei mir so fremd wie der Gedanke, mich von den Vorfahren loszusagen."[195]

5.3.2. Zur besonderen Bedeutung von Initiationsritualen

Als ein Übergangsritual unter anderen kann das Initiationsritual betrachtet werden. Es führt Männer und Frauen in einen neuen Status ein und besiegelt diesen zugleich. In traditionalen Gesellschaften gab es Initiationsfeiern für Männer, vergleichbar mit den Jungbürgerfeiern in den Gemeinden heute. Allerdings waren die Initiationsrituale in früheren Stammesgesellschaften noch verbunden mit Einweisung und Einführung in den neuen Stand. Damit gleichen sie der Rekrutenschule vor 30-40 Jahren, welche damals noch von weit mehr als 50% der männlichen Bevölkerung absolviert worden ist. In traditionalen Gesellschaften war Initiation ein Prozess, der den Initianden Berechtigungen und Pflichten verliehen hat. Weil diese Berechtigungen durch eine Gemeinschaft verliehen und die Pflichten sozial kontrolliert wurden, hatten die Initiationsrituale öffentlichen Charakter.[196]

---

[194] Vgl. Häni, Look at the wilde side, 35
[195] Lenz Pedro, Demut in Das Magazin, 39/2015, 33
[196] Vgl. Häni, Look at the wilde side, 50

Heute sind uns Status- und Standesdenken eher fremd; soweit es sie noch gibt, ist die Einführung in einen bestimmten Stand mit der Erlangung von Fertigkeiten verbunden, die für die Ausübung eines Berufs oder einer obrigkeitlichen Funktion wichtig sind; so der Lern- oder Studienabschluss, oder die Beförderung zum Feuerwehrkommandanten nach Absolvierung der entsprechenden Kurse. Im kirchlichen Bereich sind Taufe und Firmung bzw. Konfirmation Initiationssakramente. Solange der Grossteil der Bevölkerung in unserem Land entweder Mitglied der reformierten oder katholischen Kirche gewesen ist, war die Firmung zugleich die Einführung der Jugendlichen ins Erwachsenenleben als auch ins mündige Christsein. In diesem Zusammenhang stellt sich die Frage: Wann und wo findet die Initiation ins Mann-Sein heute statt?

„Die verschiedenen Kulturen haben seit alters speziell für die jungen Männer Initiationsriten entwickelt, viel mehr als für Frauen. Es scheint, als ob die biologischen Erfahrungen der Menstruation und des Gebärens den Frauen genug Weisheit vermitteln, die Männer jedoch müssen unweigerlich auf die Probe gestellt, begrenzt, herausgefordert, bestraft, schikaniert und beschnitten, Hunger, Durst und Nacktheit ausgesetzt und so zur Reife gebracht werden."[197] Nach Häni umfasst die Initiation eine individuell-seelische, eine interpersonal-gesellschaftliche und eine transzendente, geistig-religiöse Dimension.[198] Die erste betrifft die körperlich-seelische Einheit, welche die eigene Geschlechtsidentität prägt. Die zweite meint gesellschaftliche Aspekte, welche in modernen Gesellschaften aber wie erwähnt in den Hintergrund geraten sind: Initiationsrituale „beschränken sich heute zumeist auf kleine Gruppen. So grenzen Rituale heute eher aus, als dass sie verbinden, dass

---

197 Rohr, Vom wilden Mann zum Weisen Mann, 43
198 Vgl. Häni, Look at the wilde side, 35

heisst, sie bieten nur relativ kleinen Gruppen Kohärenz."[199] Mit der dritten Dimension sind spirituelle Fragen angesprochen. Wer für sich ein Initiationsritual sucht, für den dürften heute vor allem die erste und die dritte Dimension im Vordergrund stehen.

Was bedeutete die Initiation ins Mann-Sein früher? „Der Junge muss rituell verwundet und auf die Probe gestellt werden, und dabei die Erfahrung der Verbundenheit mit anderen Männern machen und zur Loyalität gegenüber den Werten des Stammes finden."[200] Heute dürfte es für viele Männer nicht ganz einfach sein, diese Erfahrung machen zu können. Gerade durch den Umstand, dass in der Primarschule wenig männliche Lehrkräfte unterrichten, muss angenommen werden, dass für viele Jungen auch eine implizite Initiation ins Mann-Sein ausbleibt. Mit der Ausnahme von Sportclubs und Militär gibt es wenige Möglichkeiten, wo die Verbundenheit mit andern Männern gepflegt werden kann. Richard Rohr weist überdies darauf hin, dass Jugendliche im urbanen Raum mit der Rauheit der Natur wenig Kontakt haben. Die Förderung und Pflege der eigenen Intuition kommt bei vielen Männern zu kurz: „Männliche Initiation hat immer zu tun mit Härte, Grenzerfahrungen, Schwierigkeiten und Kampf und sie beinhaltet normalerweise die Konfrontation mit dem Nichtrationalen, dem Unbewussten und, wenn man so will, mit dem Wilden. Sie bereitet den jungen Mann darauf vor, dem Leben anders zu begegnen als in den Kategorien von Logik, Dominanz, Kontrolle und Problemlösung."[201]

Vielleicht fällt die Initiation des Jungen zum Mann deshalb nicht in ein bestimmtes Zeitfenster, weil sie sich gewissermassen Schritt für Schritt über eine längere Zeitphase ereignet.

---

[199] Hugger Paul in Häni, Look at the wilde side, 39
[200] Rohr, Vom wilden Mann zum Weisen Mann, 44
[201] Rohr, Vom wilden Mann zum Weisen Mann, 44

Letztendlich ist es ohnehin das Leben, das den Menschen initiiert. „Ein Initiationsritual aber bildet eine Art Verdichtung, das dem Initianden zu üben ermöglicht, was das Leben für ihn bereithält."[202] Der erste Schritt im Initiationsprozess des Mannes dürfte die (Wieder-)Entdeckung der eigenen Wildheit sein; dies propagierte Richard Rohr schon 1986 in seinen geistlichen Reden zur Männerbefreiung.[203]

Eigentlich wäre die Pubertät prädestiniert für die Männerinitiation. Häufig werden aber Männer fünfzig Jahre alt oder älter, bis die Initiation zum Mann für sie ein Thema wird. Im spirituellen Bereich geht es um die Initiation in ein neues Bewusstsein; diese soll darauf aufmerksam machen, dass Rationalität und Komplexität nicht die Höchststufe menschlicher Erfahrung ausmachen. „Bis zum Alter von etwa sieben oder acht sind wir echt Glaubende... Aber wir müssen das Paradies verlassen, um den Rest der Bibel zu schreiben. Unweigerlich essen wir vom ,Baum der Erkenntnis des Guten und Bösen' und entwickeln das komplexe Bewusstsein. ... Die meisten Menschen im Westen sind eingesperrt im komplexen Bewusstsein und kehren immer und immer wieder zu denselben Quellen zurück, um daraus zu schöpfen: der Quelle der Vernunft, der Ordnung, der Kontrolle und der Macht. ... Einfach dort zu bleiben, ist aber noch keine echte Wandlung, keine echte Erlösung! Man kann nicht erlöst werden, wenn man nicht gefallen ist."[204] Hier führt Rohr die beiden Begriffe Wandlung und Erlösung im Zusammenhang mit Spiritualität ein. Auch wenn heute Wandlung und Entwicklung ganz selbstverständlich zum Leben dazugehören, entsteht irgendwann der Wunsch, mit Wachsen aufhören zu dürfen. Von da an wandelt man sich nicht mehr gern weiter. Deshalb muss der Mann ein paar Jahre

---

[202] Häni, Look at the wilde side, 71
[203] Vgl. Rohr, Der wilde Mann
[204] Rohr, Vom wilden Mann zum Weisen Mann, 46-48

älter werden, um den Schritt seiner Bestimmung entsprechend tun zu können: „Normalerweise bewältigt der Held den Weg zur Erleuchtung nur, nachdem er eine Anzahl von Verletzungen, Enttäuschungen und Paradoxien erlitten hat."[205]
Ein entscheidender Schritt auf dem Weg dabei ist die Begegnung mit Sterben und Tod. „Bei der Initiation aber geht es immer darum, das Sterben zu lernen."[206] „Wir können uns nur bemühen, unser Ego aus dem Weg zu räumen, und darum bitten, dass wir die geheime Tür nicht übersehen, die uns Gott als Ausweg aus dem komplexen Bewusstsein öffnet. Diese Tür hat gewöhnlich die Form des Leidens, körperliches, emotionales, intellektuelles oder Leiden an Beziehungen und Strukturen."[207]

„Die Initiationsriten lehrten den jungen Mann immer zu sterben – vor dem eigentlichen Tod, und dann begann für ihn das Leben. Dabei handelt es sich um eine Wahrheit, die sich durchzieht und sich bei Jesus findet, in dem Initiationsritus der Taufe..."[208] „Erst derjenige, der den symbolischen Tod erlebt und erlitten hat, gelangt zu einer neuen Form des Daseins, die den geistigen Werten gegenüber offen ist."[209] Diese Begegnung mit dem symbolischen Tod erfolgt aber in den meisten Fällen nicht schon mit 20 oder 30 Jahren, sondern vielfach erst später, wenn die bewährten Bewältigungsstrategien des Mannes ins Stocken geraten sind. Das ist der Grund, warum die Initiation zum Mann vermutlich nie ein für alle Mal abgeschlossen ist, ganz ähnlich wie auch das Christ-Sein sich im täglichen Christwerden verwirklicht, bzw. christliche Spiritualität als ‚Taufspiritualität' bezeichnet wird. „Im Ritengefüge der Taufe bildet sich vorweg ab, was sich im Laufe eines Lebens aus Glauben,

---

[205] Rohr, Vom wilden Mann zum Weisen Mann, 48
[206] Rohr, Vom wilden Mann zum Weisen Mann, 49
[207] Rohr, Vom wilden Mann zum Weisen Mann, 49f
[208] Rohr, Vom wilden Mann zum Weisen Mann, 50
[209] Biasio Elisabeth in Häni, Look at the wilde side, 61

Hoffnung und Liebe ereignet. Sie schenkt einen Anfang, an dem man sich orientieren, auf den man zeitlebens zurückkommen kann. Insofern ist die Taufe auch als ‚Dauersakrament‘ zu verstehen: Sie ist ‚nicht nur Anfang des Christseins, sondern der beständige Ruf zum Christwerden‘.“[210] Das gleiche gilt für das Mann-Sein: Initiation ins Mann-Sein ist nicht nur Anfang des Mannseins, sondern der beständige Ruf zum Mannwerden.

5.4. Die Bedeutung des genderspezifischen Ansatzes

Der Titel der Studie „Männerrituale in Übergangssituationen“ könnte auf eine gewisse Favorisierung des genderspezifischen Ansatzes durch den Verfasser hindeuten. Diese Mutmassung ist nicht ganz unbegründet. In diesem Frühling hatte ich mich für eine Visionssuche angemeldet. Kurz zuvor, teilte mir die Kursleitung mit, dass sich dafür noch sieben Frauen, aber kein einziger Mann angemeldet hätten. Ich überlegte mir, die Buchung rückgängig zu machen. Im Nachhinein bin ich aber heilfroh, dass ich mich auf das Unternehmen mit Frauen eingelassen habe. Auch genderspezifische Veranstaltungen bieten keine absolute Garantie für ein Gelingen. In den Interviews wurden Vor- und Nachteile des genderspezifischen Ansatzes erörtert. Silver macht unverblümt klar, dass genderspezifische Arbeit in alle Richtungen gehen könne.[211] Sie könne auch dazu verwendet werden, um eine traditionelle Rollenverteilung zwischen den Geschlechtern neu zu verfestigen, oder den Geschlechterkampf zu entfachen. Gleichwohl sehen die Anbieter von Männerarbeit im genderspezifischen Ansatz aber bei weitem mehr Vorteile.

---

[210] Peng, Einführung 43
[211] Vgl. Interview mit Silver (Anhang 10.6.)

Gasser weist darauf hin, dass dieser einen geschützten Raum für Männer ermöglicht.[212] Diese fühlten sich darin unbefangener und zeigten sich mit ihren Schwächen und Verletzungen.[213] Das sei deshalb der Fall, weil Männer ihr Konkurrenzgehabe ablegen könnten. „Es geht einmal nicht darum, wer der Platzhirsch sei."[214] In der Folge zeigten sich Männer tiefer gehend, im besonderen hätten sie auch den Mut, ihre Gefühle auszudrücken. Nach Schäfer ist dies vor allem deshalb bedeutsam, „weil Männer ihre Gefühle anders zeigen als Frauen. Frauen sind gefühlsintensiver, schneller und irgendwie dramatischer."[215] Man sage fälschlicherweise, Männer seien nicht so gefühlsvoll. Aber sie würden ihre Gefühle einfach anders ausdrücken als Frauen. Im Männerkreis besteht auch in dieser Hinsicht viel weniger Konkurrenzdruck. Einen weiteren Vorteil sieht Ehrat darin, dass der Mann ein weites Spektrum an Identifikationsmöglichkeiten erhält: „In der Männergruppe kann der Teilnehmer eine Vielfalt von Männlichkeit erfahren und so seinen eigenen Erfahrungshorizont und Verhaltensrepertoire ausweiten."[216] Männerarbeit fördere auch die Polarität zwischen den Geschlechtern, welche Spannung und Anziehung mit sich bringe. Peill hat in seiner tantrischen Arbeit erfahren, „dass das Wiedertreffen der Männer und Frauen viel intensiver und erfahrungsreicher ausfällt, wenn sich Männer und Frauen zunächst in eigenen Zirkeln getroffen haben. Männer bekommen ihre Kraft zum Mann sein von andern Männern."[217] „Es entsteht ein heiliger Raum, wo vieles möglich wird, was in einem gemischtgeschlechtlichen Raum schwieriger zu erreichen ist. Da entsteht etwas von Lust, sich zu zeigen,

---

[212] Vgl. Interview mit Gasser (Anhang 10.4.)
[213] Vgl. Interview mit Silver (Anhang 10.6.)
[214] Interview mit Büchel (Anhang 10.5.)
[215] Interview mit Schäfer (Anhang 10.2.)
[216] Interview mit Ehrat (Anhang 10.1.)
[217] Interview mit Peill (Anhang 10.3.)

von Echtheit und Authentizität, von Lust, zur Sache zu kommen und nicht um den heissen Brei herum zu reden. Es entsteht Mut, sich zu zeigen, eine Vertrautheit, sich als Brüder ernst zu nehmen, und Konkurrenzdenken zerbröselt regelrecht."[218]

Die Nachteile, die mit einer genderspezifischen Arbeitsweise in Verbindung gebracht werden, sind nicht von absoluter Natur. Das bedeutet, dass sie leicht umgangen werden können, wenn man sich ihrer bewusst ist. „Ein Nachteil könnte sein, wenn Männer nach Hause kommen und zur Frau sagen: in der Wüste haben mich alle verstanden, du verstehst mich nicht."[219] Weil sich Männer im Erleben ihrer Emotionalität unter einander ähnlicher sind, könnte dies zur Folge haben, dass sie die Bereitschaft verlieren, ihre Gefühle ihren Partnerinnen verständlich zu machen. Schäfer sieht überdies die Gefahr, „dass ein Wort wie Krieger falsch verstanden werden könnte, so dass die Männer mit einem überzogenen Maskulinismus nach Hause kommen. ... Wären Frauen in der Quest dabei, wäre die Integration dieser Männerbilder in den Alltag vielleicht einfacher."[220] Daraus rersultiert, dass der Integration und dem Transfer der Männererfahrungen in den Alltag bei Männerangeboten Beachtung geschenkt werden muss. Weitere Nachteile könnten sein, dass sich das Verständnis für die Frau verkleinert, wenn der Mann seinen Fokus auf sein eigenes Geschlecht legt,[221] oder dass gewisse Männer das Weibliche abwerten,[222] bzw. den Frauen die Schuld für gewisse Dinge in die Schuhe schieben.[223] Daraus könnten sich gewissen Genderegoismen

---

[218] Interview mit Rodiger-Leupolz (Anhang 10.7.)
[219] Interview mit Schäfer (Anhang 10.2.)
[220] Interview mit Schäfer (Anhang 10.2.)
[221] Vgl. Interview mit Peill (Anhang 10.3.)
[222] Vgl. Interview mit Gasser (Anhang 10.4.)
[223] Vgl. Interview mit Silver (Anhang 10.6.)

entwickeln. Davon seien wir jedoch noch weit entfernt, dass man sagen müsste, es gäbe zu viel genderspezifische Arbeit.[224] So lässt sich abschliessend sagen, dass genderspezifische Angebote gewichtige Vorteile mit sich bringen. Es ist aber im Auge zu behalten, dass diese im Dienst eines guten Miteinanders von Frauen und Männern stehen.

5.5.   Die Bedeutung schamanischer Spiritualität

Es fällt auf, dass viele Angebote in der Männerarbeit - so das Schwitzhüttenritual und die Visionssuche - schamanischen Ursprungs sind. Auch die Fachstellen für Männerarbeit der Kirchen greifen auf solche Angebote zurück. So stellt sich die Frage, was unter schamanischer Spiritualität genau zu verstehen ist (5.5.1.), wo Gemeinsamkeiten und Unterschiede zum Christentum liegen (5.5.2.) und in wie weit schamanische Rituale in einen christlichen Kontext inkulturiert werden können (5.5.3).

5.5.1. Was ist darunter zu verstehen?

Es ist nicht ganz einfach, Schamanismus zeitlich und geographisch einzugrenzen. Für die Biologin und Heilpraktikerin Svenja Zuther ist Schamanismus die von der Steinzeit bis heute gültige Antwort unserer Vorfahren auf unsere Sehnsucht nach Geborgenheit im Schoss der Mutter Erde.[225] Das umfasst ein Zeitspektrum von mehr als 40'000 Jahren. Andere unterscheiden zwischen traditionellem Schamanismus und Neo-Schamanismus.
Unter ersterem verstehe man die spirituellen Traditionen und Praktiken der verschiedenen ethnischen Gruppen aus Sibirien,

---

[224] Vgl. Interview mit Rodiger-Leupolz (Anhang 10.7.)
[225] Vgl. Zuther, Schamanische Rituale, 9

der Mongolei, Lappland, Teilen Alaskas und Kanadas in vorchristlicher Zeit. Die traditionellen spirituellen Praktiken der nomadischen Gruppen in der arktischen bzw. subarktischen Zone der nördlichen Hemisphäre würden sich von Stamm zu Stamm sehr stark unterscheiden.[226] Unter Neo-Schamanismus versteht man hingegen ein religions- und kulturübergreifendes Phänomen: Demnach sei Schamanismus ein ethologischer Begriff, welcher ähnliche Phänomene in unterschiedlichen Kulturen umschreibe. Wo immer auch der Begriff auftauche, gehe es um das Zusammenspiel verschiedener Wahrnehmungs- und Erfahrungsebenen, zwischen der sichtbaren und der unsichtbaren Welt.[227] Nach Ehrat ist auch das Christentum voller Erfahrungen, die als schamanisch bezeichnet werden können, so das Segnen und Handauflegen, der Heiligen- und Ahnenkult, der Kampf mit guten und bösen Mächten, sowie das Reden in Zungen.

„Ein wesentliches Konzept im Schamanismus ist es, dass die Welt, in der wir leben, nur eine von mehreren Welten ist. Die verschiedenen Welten werden als Teile eines vertikal geschichteten Universums gesehen. Sie sind über eine Achse miteinander verbunden, die durch sie hindurchläuft. Diese Achse wird oft der ‚Weltenbaum' genannt. Über uns sind die oberen Welten, wir befinden uns in der mittleren Welt, und unter uns sind die unteren Welten. Diese anderen Welten werden von verschiedenen Arten von Geistern bewohnt. Sie sind die grossen Kräfte der Natur, wie die vier Geister der vier Himmelsrichtungen oder auch die Berge, die Meere, der Donner. Es gibt Tiergeister, Pflanzengeister und die Seelen oder Geister der Menschen, die gestorben sind."[228]

---

[226] Vgl. Van Kampenhout, Die Heilung kommt von ausserhalb, 19
[227] Vgl. Interview mit Ehrat (Anhang 10.1.)
[228] Van Kampenhout, Die Heilung kommt von ausserhalb, 19f

Einige der Geister seien für uns Menschen Lehrer und Helfer, andere seien nicht an Menschen interessiert. Wieder andere seien uns gegenüber gewalttätig oder bösartig gesinnt.[229] Da die Unter-, Mittel- und Oberwelten miteinander verwoben seien, ist es möglich, sich von der einen in die andere Welt zu bewegen. Der Schamane mache davon Gebrauch, um so Menschen zu helfen. Er versuche, in den anderen Welten Informationen und Heilkräfte zu finden.[230] Um dazu in der Lage zu sein, versetze er sich in einen Trancezustand. So könne er entweder eine Reise in die anderen Welten unternehmen, um mit den Geistern zu sprechen, oder die Geister zu sich rufen und so mit ihnen kommunizieren.[231]

Heute verwendeten die meisten westlichen Menschen das Wort Schamanismus um anzugeben, dass man eine bewusste Beziehung zu Hilfsgeistern habe. Das können Tiere, Pflanzen, Steine oder Ahnen sein. Merkmal des Schamanismus sei ein enger Kontakt mit der Mutter Erde.[232] Der Schamanismus spreche das Bedürfnis des Menschen an, in andere Welten des Bewusstseins vorzustossen, die sich ausserhalb unserer Alltagswahrnehmung befinden. Dies entspreche einem natürlichen Bedürfnis nach Transzendenz und Ekstase, nach Freiräumen für Geist und Seele.[233] „Im Schamanismus geht es darum, von der Natur zu lernen und mit der Natur gut zusammen zu arbeiten. Ein Schamane ist hier Sehender, Vermittler und Ratgeber – ein Heiler in einer wahrhaft ganzheitlichen Funktion. Zahlreiche Techniken sind entstanden, um mit Geistern, die Krankheiten verursachen, umzugehen, um die Götter, die das Wachsen und Gedeihen der Nahrung des Menschen unterstützen, günstig zu stimmen, um in Einklang mit der Na-

---

[229] Vgl. Van Kampenhout, Die Heilung kommt von ausserhalb, 20
[230] Vgl. Van Kampenhout, Die Heilung kommt von ausserhalb, 20
[231] Vgl. Van Kampenhout, Die Heilung kommt von ausserhalb, 20
[232] Vgl. Van Kampenhout, Die Heilung kommt von ausserhalb, 22
[233] Vgl. Zuther, Schamanische Rituale, 10

tur wichtige Erkenntnisse zu gewinnen und allen ein gutes Leben zu ermöglichen."[234]

Die verbreiteste Methode, in den veränderten Bewusstseinszustand des Schamanen einzutreten, werde mittels des monotonen Klangs der Trommeln erreicht.[235]

Es kann an dieser Stelle nicht Aufgabe sein, ein möglichst umfassendes Bild dieses komplexen Phänomens wiederzugeben. Deutlich geworden aber dürfte sein, dass der Schamanismus heute attraktiv ist durch seine Nähe zur Natur. Offenbar gelingt es ihm auch besser als mancher monotheistischen Religion, den Menschen in seinem Bedürfnis nach Transzendenz abzuholen. Umstritten ist, ob Schamanismus als Religion zu gelten habe. Dies wird von schamanisch Praktizierenden meistens verneint, vermutlich vor allem deshalb, weil der Begriff Religion - im Unterschied zu Spiritualität - meistens mit einer institutionellen Verfasstheit in Verbindung gebracht wird. Meines Erachtens deckt so genannter Schamanismus aber viele Aspekte ab, die eigentlich Teil eines religiösen Konzepts sind, so Sinngebung, die Möglichkeit mit Transzendenz in Kontakt zu treten, sowie Lebenshilfe.

5.5.2. Wie verhält sich Schamanismus zum Christentum?

So unmöglich es ist, Schamanismus als einheitliches Phänomen zu umreissen, so schwierig ist dies auch für das Christentum. Ergiebiger scheint es zu sein, Neo-Schamanismus und Christentum als Wege zu betrachten, die das gleiche Ziel verfolgen, den Menschen Sinn und umfassende Lebenshilfe zu vermitteln. Daraus ergeben sich gemeinsame Anliegen: Wenn Svenja Zuther formuliert, „ich persönlich glaube, dass es höchste Zeit ist, dass wir schamanisches Denken und Handeln wieder in unsere Lebenskonzepte integrieren, dass wir alle Lebewesen

---

[234] Zuther, Schamanische Rituale, 12
[235] Vgl. Harner, Der Weg des Schamanen, 12

als unsere Schwestern und Brüder betrachten,"[236] höre ich im zweiten Teil ihrer Aussage auch ein wichtiges Postulat einer christlichen Schöpfungsspiritualität. Oder wenn die Autorin feststellt, „der Schamanismus unterscheidet sich von unserer gängigen modernen Weltanschauung grundsätzlich darin, dass er mehrere Ebenen der Realität und die Existenz von Geistwesen in der Natur anerkennt,"[237] erkenne ich darin das Anliegen, die so genannte Realität nicht auf das Materielle einzuschränken. Oder wenn Zuther feststellt, „der Schamanismus ist weder Glaubenssystem noch Dogma, sondern ein Weg, der auf direkter Erkenntnis durch persönliche Erfahrung gründet,"[238] höre ich hinter dieser Aussage den Wunsch von manchem Christen, Gott mit Leib und Seele zu erfahren. Auch viele Christen haben genug von zu viel Dogma und Lehre. Es gäbe noch viele weitere Beispiele für gemeinsame Anliegen. Eine andere Frage scheint mir zu sein, welcher Weltanschauung es eher gelingt, diese Postulate einzulösen. Und da gilt es aus meiner Sicht neidlos anzuerkennen, dass es vielen Anbietern von Übergangsritualen besser gelingt als manchen Kirchen, schöpfungsnahe und sinnlich ansprechende Unterstützungsangebote zu kreieren. Da überrascht in positivem Sinne das Statement des Leiters des Männerreferats der Erzdiözese Freiburg: „Wir sind aber überzeugt, dass der Reichtum aus diesen Kulturen sehr wohl nützlich für unsere christliche Arbeit ist, weil dort Tiefenschichten angesprochen werden, die für unseren Glauben sehr wertvoll sind. Da haben wir vom Männerreferat keine Berührungsängste."[239]
Dass es von der Theorie her aber durchaus auch Themen gibt, wo eine Harmonisierung christlicher Dogmatik mit schamanischen Sichtweisen, anspruchsvoll – um nicht zu sagen schwie-

---

[236] Zuther, Schamanische Rituale, 11
[237] Zuther, Schamanische Rituale, 11
[238] Harner, Der Weg des Schamanen, 9
[239] Interview mit Rodiger-Leupolz (Anhang 10.7.)

rig – ist, soll an dieser Stelle nicht geleugnet werden. Wenn Zuther darauf verweist, dass „im Zuge der Christianisierung die Verehrung des Göttlichen in der Natur beseitigt werden sollte,"[240] macht sie in berechtigter Weise darauf aufmerksam, dass das Christentum Naturreligionen verschiedentlich mit dem Pantheismus-Vorwurf belegt hat. Dahinter verbirgt sich die Schwierigkeit, weiterhin einen allmächtigen Gott zu postulieren, wenn dieser als Einheit mit der Natur gedacht wird. Eine andere Herausforderung liegt im Geisterglauben des Schamanismus. Die christliche Dogmatik ist sich nicht darüber einig, ob Tiere, Steine und Pflanzen eine Seele haben, bzw. ob die Lebenden mit den Geistern der Ahnen nach deren Tod in Verbindung treten können. Bei letzterem ist darauf zu verweisen, dass zumindest im Katholizismus die Heiligen angerufen werden können. Auch die Vorstellung von mehreren Wirklichkeiten hinter der sichtbaren Welt ist im Christentum so nicht vorgesehen. Damit sind ein paar Knacknüsse angedeutet, welche die christliche Dogmatik betreffen. Daneben gibt es aber auch viele gemeinsame Anliegen. Deshalb liegt es nahe, dass das Christentum vom Schamanismus auch etwas lernen kann. Können schamanische Rituale sogar im Christentum rezipiert werden?

5.5.3. In wieweit kann Schamanismus ins Christentum integriert werden?

Die Tatsache, dass alle Männerreferate der grossen Kirchen Deutschlands Schwitzhütten, Initiationswochen und Visionssuchen anbieten, spricht für sich selber. Offenbar sehen die Verantwortlichen mehr Gründe, die dafür sprechen, schamanische Rituale in die Seelsorge zu integrieren, als solche die dagegen sprechen. Der Leiter des Männerreferats der Erzdiözese Freiburg im Breisgau formuliert es folgendermassen: „Wir sind

---

240 Zuther, Schamanische Rituale, 12

überzeugt, dass der Reichtum aus diesen Kulturen sehr wohl nützlich für unsere christliche Arbeit ist, weil dort Tiefenschichten angesprochen werden, die für unseren Glauben sehr wertvoll sind. Da haben wir vom Männerreferat keine Berührungsängste. Wir machen damit sehr gute Erfahrungen. ... Alles hat zum Ziel, den Männern die daran teilnehmen, eine Tiefenerfahrung, eine Gotteserfahrung zu ermöglichen. Eine Schwitzhütte, eine Medizinwanderung oder eine Visionssuche sind hervorragende Hilfsmittel dazu. Wir sind der Meinung, dass es eine grosse Ähnlichkeit zwischen Ritualen und Sakramenten gibt."[241]

Rodiger-Leupolz liefert drei Argumente: Es gebe zum ersten eine Zielsetzung, die den Einbezug schamanischer Rituale ermögliche, nämlich dass Männer auf diese Weise Gott erfahren können. Zweitens liege die spezielle Leistung der schamanischen Rituale darin, die Tiefenschichten anzusprechen, und drittens gebe es grosse Ähnlichkeiten zu den Sakramenten. Diese Argumentation wird von den Anbietern schamanischer Rituale im Wesentlichen gestützt: Büchel , Silver und Ehrat legen Wert darauf, dass Schamanismus eine Methode und keine Religion sei.[242] Alle Befragten weisen auch auf gewichtige Parallelen zwischen dem Christentum und den Naturreligionen hin und bringen damit ihre Überzeugung zum Ausdruck, dass die Ähnlichkeiten der beiden Sinnsysteme grösser seien als deren Unterschiede. Freilich bleibt es eine Frage des Ermessens, wie viel denn gemeinsam sein muss, damit Elemente aus einem bestimmten Kontext in einen anderen überführt werden können. Diese Frage stellt sich ja in analoger Weise, wenn zu entscheiden ist, ob Zen im christlichen Kontext etwas zu suchen hat, oder ob Elemente der Psychoanalyse in die Seelsorge einbezogen werden. Im vorigen Unterkapitel wurden einige

---

[241] Interview mit Rodiger-Leupolz (Anhang 10.7.)
[242] Vgl. Interview mit Büchel (Anhang 10.5.), Silver (Anhang 10.6.) und Ehrat (Anhang 10.1.)

dogmatische Spannungsfelder ja bereits benannt. Ich sehe es weder als meine Aufgabe, diese hier zu lösen, noch sehe ich in diesen einen Grund, dass schamanisches Wissen nicht christliche Erfahrungen ermöglichen sollte. Dass solche heute – im Gegensatz zur Zeit des Kolonialismus - im christlichen Kontext auch tatsächlich recht häufig zur Anwendung kommen, ist meiner Einschätzung nach die Folge eines beidseitigen Pragmatismus: Kirchlicherseits gilt das Prinzip, was nicht schadet, nützt, und die Anbieter schamanischer Rituale reden in den Ritualen erstaunlich wenig über die theoretischen Grundlagen schamanischer Erkenntnisse. Von christlichen Anbietern ist mir einzig Richard Rohr bekannt, der die schamanischen Rituale nicht bloss in den christlichen Kontext integriert, sondern diese zu einem guten Stück auch inkulturiert.

5.6.   Vor- und Nachteile christlicher Spiritualität

Christliche Spiritualität hat es in der heutigen Zeit manchmal schwer, Menschen in ihrem Suchen und Fragen zu erreichen. Das hängt damit zusammen, dass der Zugang zu ihren Quellen - besonders auch zur Heiligen Schrift - für viele versperrt ist. Die Texte sind ihnen paradoxerweise entweder zu fremd oder zu bekannt, je nach ihrer religiösen Sozialisation. Der orientalische oder jüdisch-semitische Hintergrund ist für sie weit weg. Andere haben in ihrer Kindheit mit Begeisterung biblische Geschichten gehört. Es fällt ihnen aber zunehmend schwerer, diese Inhalte mit ihrem Erwachsenenleben in Verbindung zu bringen. Gerade in unserer hochtechnisierten Welt scheint da die unvermittelte Offenbarung durch die Natur der vermittelten in der Bibel überlegen. Die möglichst unberührte Natur mit ihren Steinen, Pflanzen und Tieren erleben sie als Ort des Auftankens und der Inspiration. Das Christentum hingegen erleben viele Zeitgenossen als Religion. Damit verbinden sie Lehraussagen, die zu glauben sind, rechtliche und moralische Aspekte und eine menschliche Organisation. All das kennen viele aus ihrem Berufsalltag zur Genüge. Wenn Schamanismusvertreter beteuern, Schamanismus sei keine Religion, dann wollen sie damit vor allem klarstellen, dass der Schamanismus eben ohne autoritäre oder bürokratische Schwerfälligkeiten auskomme. Es scheint mir nicht uninteressant, gerade von Anbietern schamanischer Rituale zu hören, welche Aspekte der christlichen Spiritualität ihnen für die Begleitung von Männern in Übergangssituationen hilfreich erscheinen. Kapitel 5.6.1. handelt von biblischen Motiven, 5.6.2. von spezifischen Frömmigkeitsformen und 5.6.3. von Ritualkompetenz aus der christlichen Kultur, bei welchen sich Anknüpfungspunkte zu schamanischen Traditionen finden lassen.

5.6.1. Biblische Inhalte

Stefan Gasser legt als Theologe Wert darauf, dass man Schamanismus nicht als Ideologie oder neue Religion missverstehen soll. Er verweist auf die Nähe schamanischer Praxis zur Exodus Tradition der Bibel. Die Naturvölker seien dem Volk Israel gleich als Nomaden unterwegs gewesen. Auch viele moderne Menschen seien geistige Nomaden. Vielleicht erleichtere ihnen dies auch den Zugang zu den Büchern Exodus, Leviticus, Numeri und Deuteronomium. Aufzubrechen sei zudem auch für Jesus ein Thema gewesen; er habe nicht in der Synagoge, sondern in der Wüste gefastet.[243]
Markus Ehrat findet in manchen Psalmen Erfahrungen ausgedrückt, mit denen auch heutige Menschen etwas anfangen können. Wenn etwa von einem Adler die Rede sei, „dann ist dies nicht mehr nur ein Vogel, sondern ein Geistwesen, ein Bruder oder eine Schwester, wie es Franz von Assisi sagen

---

[243] Vgl. Interview mit Gasser (Anhang 10.4.)

würde."[244] Auf Schritt und Tritt schildere die Bibel, wie der Mensch in früheren Zeiten die Natur erlebt habe.

Reinhold Hermann Schäfer verweist auf die Christusfigur; diese biete sich als Prototyp eines Mannes in der Krise geradezu an; Jesus Christus gebe sich hin, durchleide seinen Kreuzweg und gehe daraus gestärkt hervor.[245] Natürlich müsse auch bedacht werden, dass diese Stärkung für Christus erst nach seinem leiblichen Tod ihre Wirkung hat. Gewiss handelt es sich bei der Metapher von Jesu Tod und Auferstehung nicht um ein christologisches Detail, sondern gewissermassen um die Mitte der Botschaft, welche als spiritueller Anker auch für heutige Menschen etwas hergeben könnte. In den Nacht von Gründonnerstag auf Karfreitag sowie in der Osternacht habe ich schon verschiedentlich mit Jugendlichen diese Thematik aufgegriffen und versucht, deren eigene Lebenserfahrungen mit dem Schicksal Jesu in Verbindung zu bringen. Für viele Jugendliche war dies jeweils erstaunlich gut nachvollziehbar.

Auf einen weiteren christologischen Aspekt macht Stefan Gasser aufmerksam: „Für mich als Mann und Christ ist die Inkarnation wegweisend; sie bedeutet, dass wir leiblich auf der Welt präsent sind und so ‚Tempel des Heiligen Geistes' sind. Der Schamanismus ist für mich eine Methode, Inkarnation konkret werden zu lassen: In der Schwitzhütte beispielsweise bin ich körperlich gefragt. Da gibt es keinen Dualismus zwischen Körper und Geist, sondern diese bilden eine Einheit."[246] Natürlich gibt es auch Bibelstellen – etwa bei Paulus –, welche den Dualismus zwischen Körper und Geist eher festschreiben als zu überwinden helfen, andererseits aber ist dem jüdischen Denken eine Einheit von Leib und Seele geradezu eigen.

---

[244] Interview mit Ehrat (Anhang 10.1.)
[245] Vgl. Interview mit Schäfer (Anhang 10.2.)
[246] Interview mit Ehrat (Anhang 10.1.)

Ebenfalls Sinnpotential dürften die schöpfungstheologischen Aussagen der Heiligen Schrift haben; in der Arbeit mit Männern, geht es aber nicht nur darum, diese zu benennen, sondern sie draussen in der Natur möglichst auch erlebbar werden zu lassen.

5.6.2. Frömmigkeitsstile

Für viele Zeitgenossen, die sich einem schamanischen Weltverständnis nahe fühlen – und das scheinen mehr als vermutet zu sein, bildet die Mystik ein positiv bewerteter Referenzpunkt; Reinhold Hermann Schäfer zieht eine Verbindungslinie zu Hildegard von Bingen, die neben ihren Visionen auch einen starken Bezug zur Erde gehabt habe. Hildegard hat sich zeitlebens mit den Pflanzen beschäftigt und deren Bedeutung als Heilmittel hervorgehoben. Auch die Spiritualität eines Franz von Assisi, der mit Pflanzen und Tieren in einer starken Einheit gelebt hat, ist für viele moderne Zeitgenossen wegleitend. Die christliche Verkündigung sollte schöpfungstheologische Anliegen unbedingt ernster nehmen und den Menschen die Schöpfung als Ort göttlicher Offenbarung näher bringen. Was das Interesse vieler an Mystik betrifft, so erhoffen sich diese von der Beschäftigung damit, dass sie das Göttliche nicht nur glauben müssen, sondern dieses selber erfahren können.

Für andere Menschen hat Spiritualität mit Ahnenverehrung zu tun. Ihnen vermittelt der Bezug zu den verstorbenen Seelen, die sie in einer anderen Welt vermuten, einen attraktiven Zugang zur eigenen Identität mit deren ganzer Problematik, welchen sie für ihr persönliches Wachstum nützen möchten. Markus Ehrat macht darauf aufmerksam, dass es auch in der christlichen Spiritualität die Vorstellung von guten und bösen Kräften gebe, welche die Menschen im hier und jetzt aus einer anderen Welt beeinflussen.[247] Schliesslich gebe es eine Parallele

---

[247] Vgl. Interview mit Ehrat (Anhang 10.1.)

zwischen dem Phänomen der Zungenrede bei charismatischen Christen und der Erfahrung von Ekstase im Schamanismus. Natürlich wird sich ein nüchterner christlicher Glaube mit solch schwärmerischen Formen eher schwer tun. Dass etwas bei den Menschen von heute gut ankommt, darf ja auch nicht das einzige Kriterium dafür sein, ob etwas zu Hilfe genommen wird. Ernst genommen werden sollte hingegen schon, dass für viele das Christentum ist einem Mass entzaubert zu sein scheint, dass diesem eine verwandelnde Kraft nicht mehr zugetraut wird.

5.6.3. Ritualpraxis

Eine grosse Stärke des Christentums liegt ohne Zweifel in seinen Ritualen, insbesondere in seinen Sakramenten entlang des Lebenslaufs. Auch wenn Ehrat darauf verweist, dass die Kirchen ihre absolute Ritualhoheit verloren haben, kann nicht geleugnet werden, dass die Kirchen immer noch in hohem Mass über Know-how verfügen, wie Rituale stimmungsvoll gefeiert werden. Viele Anbieter schamanischer Rituale verweisen an mehreren Stellen auf Parallelen zu kirchlichen Ritualen, so Markus Ehrat beispielsweise auf Segnungen und Handauflegen, sowie den Heiligen- und Ahnenkult.[248] Andreas Büchel sieht eine Verbindung zwischen dem Räuchern in schamanischen Ritualen und dem Einsatz von Weihrauch in der Liturgie. Zudem sei in beiden Traditionen der Gesang von herausragender Bedeutung.[249]

Aber unabhängig von diesen konkreten Ähnlichkeiten scheint mir entscheidend, dass Rituale so gefeiert werden, dass sie auch etwas bewirken: So gehe es darum, die Geschwindigkeit in einem Ritual runterzufahren.[250] Oder die Taufe müsse kör-

---

248 Vgl. Interview mit Ehrat (Anhang 10.1.)
249 Vgl. Interview mit Büchel (Anhang 10.5.)
250 Vgl. Interview mit Peill (Anhang 10.3.)

perlich nachvollziehbar werden, indem der Täufling wortwört-
lich ins Wasser untergetaucht werde, damit das Ritual sowohl
dem Täufling als auch den Mitfeiernden unter die Haut gehe.[251] Kirchliche Rituale seien dann ein ganz klarer Vorteil,
wenn diese mit möglichst vielen Sinnen erfahrbar wären und
die Leitpersonen darauf vertrauten, dass deren Vollzug etwas
bewirke.

---

[251] Vgl. Interview mit Schäfer (Anhang 10.2.)

„Männerrituale in Übergangssituationen" ist das Thema der vorliegenden Studie. Dementsprechend beschäftigen wir uns im kommenden Kapitel mit Ritualen, festgelegten Abläufen, die im Leben von Männern etwas bewirken möchten. Solche Rituale können grundsätzlich alleine oder in Gemeinschaft vollzogen werden, wobei ein Anschluss an gemeinschaftliches Handeln für die Wirksamkeit eines Rituals schon nicht unwesentlich ist; etwa um wirksame Schattenarbeit zu leisten. Dafür bedarf es mindestens eines Bruders, von dem sich der Mann im Übergang „spiegeln" lassen kann. Zweitens geht es um Rituale, die helfen, Übergänge leichter zu bewältigen. Darauf spezialisiert sind „Vision quests" - Visionssuchen, von denen in den letzten Jahren ein breites Angebot entstanden ist. Mit ihnen möchten wir uns exemplarisch auseinandersetzen, auch gerade, was ihre Integrierbarkeit in eine christliche Spiritualität anbelangt. Ein Blick auf die Angebotspaletten dreier Kirchen in Deutschland – die evangelische Kirche und die katholische Kirche in der Metropolregion Rhein-Neckar, das Männerreferat der Erzdiözese Freiburg und das Männerforum der evangelisch-lutherischen Kirche Norddeutschlands – soll den Blick weiten auf weitere Rituale, welche speziell für Männer angeboten werden. Natürlich gibt es Visionssuchen und andere Rituale auch für gemischtgeschlechtliche Gruppen. Gleichwohl ist davon auszugehen, dass solche Angebote ihren eigenen Charakter entfalten, wenn diese als Männerprojekte durchgeführt werden.

6.1. Die Visionssuche

„Vier Tage und Nächte allein in der Wildnis, fastend und ohne schützende und trennende Wände zwischen dir und der Natur. Deine Ausrüstung ist so minimal wie nötig und gleichzeitig genügend solide, dass du auch bei unwirtlichem Wetter gesund und sicher draussen sein kannst,"[252] so umschreibt die Internet-Plattform Visionssuche.net das Angebot einer Visionssuche. Sie sei ein strukturierter, ritueller Raum, in den ungeklärte Lebensfragen, die Suche nach dem Sinn des Daseins und der eigenen Persönlichkeit zum Beispiel in Phasen der Neuorientierung eingebracht werden können.

Die Zeit des einsamen Fastens werde von drei Grunderfahrungen geprägt: Dem Verzicht auf Nahrung, auf "ein Dach über dem Kopf" und auf den Kontakt zu Menschen. Eine Visionssuche (englisch: vision quest) sei kein Therapieersatz und keine Therapieform. Vielmehr sei jeder Teilnehmer auf sich selbst gestellt. Die Leitungspersonen seien keine klassischen Therapeuten. Sie nähmen vielmehr den Platz von "Ältesten" oder kundigen Begleitern ein. [253] „Im Ritual der Visionssuche wird ein geistiger Sterbe- und Wiedergeburtsprozess durchschritten. Dieser Prozess wird von Visionssuchenden nicht kontrolliert gestaltet, sondern erlebt, erfahren und durchlitten. Die Struktur des Rituals bietet den Rahmen dafür." [254]

6.1.1. Geschichte

'Quest' sei im europäischen Mittelalter der Name für eine suchende Wanderschaft oder Wallfahrt ins Unbekannte gewesen, eine 'heilige Suche' der Ritter nach spiritueller Einsicht. Die heutige Visionssuche gehe allerdings auf die Traditionen der

---

[252] http://www.visionssuche.net/die-visionssuche (12.10.15)
[253] http://www.visionssuche.net/die-visionssuche (12.10.15)
[254] http://www.visionssuche.net/die-visionssuche/rituale (12.10.15)

nordamerikanischen Prärieindianer, insbesondere der Lakota-Sioux, zurück. Bei ihnen sei die uralte Tradition der Selbstsuche in der Natur bis heute erhalten geblieben. Auch im europäischen Kulturraum gebe es Hinweise auf entsprechende Traditionen; so in den Legenden um den germanischen Gott Odin, sowie in griechischen und römischen Mythen. Zu denken sei überdies auch an die frühchristliche Tradition des einsamen Fastens der Wüstenväter - auch wenn es sich bei diesen nicht um ein Übergangsritual gehandelt hat -, und die Gralssuche im Mittelalter. Bei den Lakota heisse die Visionssuche „Hanblecheya", was soviel wie „Flehen um ein Gesicht bedeute. Sie werde in den Great Plains des amerikanischen Südwestens bis heute praktiziert und bestehe in der Regel aus einem mehrtägigen einsamen Fasten, zum Teil sogar ohne Wasser.[255] Nach Anthony Wallace gehöre die Visionssuche auch zum Männlichkeitsritual des indigenen Volks der Shuar in Ecuador.[256]
Die moderne Visionssuche wurde vom Psychologen Steven Foster und seiner Frau Meredith Little entwickelt. „Es handelt sich nicht um die Nachahmung eines konkreten indianischen Rituals. Vielmehr entnahmen Foster und Little drei Elemente indigener Praktiken, um daraus eine neue Form der Visionssuche zu kreieren: 1.) Die Methoden Nahrungsentzug, Alleinsein, der Wildnis ausgesetzt sein und Schlafentzug. 2.) Der Teilnehmer findet Erkenntnisse durch seine Innenschau in der Tiefe seiner eigenen Psyche, er weiht sich selbst. 3.) Die universale Grundstruktur "Ablösung - Schwellenzeit - Wiedereingliederung" alter Übergangsriten."[257] Die letztgenannte Grundstruktur hat der französische Ethnologe Arnold van Gennep (1873 – 1957) in seinem Buch „Les rites de passage", welches auf Deutsch erstmals 1909 publiziert wurde, herausgearbeitet. Fos-

---

255 http://www.visionssuche.net/die-visionssuche/geschichte (12.10.15)
256 https://de.wikipedia.org/wiki/Visionssuche (13.10.15)
257 https://de.wikipedia.org/wiki/Visionssuche (13.10.15)

ter und Little gründeten die „School of Lost Borders", die Schule der verlorenen Grenzen zu Deutsch, in den 1970er Jahren. Diese Schule führt bis heute Visionssuchen durch. Ihr Selbstverständnis beschreibt sie folgendermassen: „Wir sind keine Gurus oder Heiler; wir sind Hebammen mit Fähigkeiten zur Unterstützung natürlicher Übergänge und Initiationen des Lebens und Sterbens. Unsere Lehrer sind das Land, die Zeremonien und jede Person, die mutig genug ist, die Schwelle zu überschreiten in das unbekannte Geheimnis des Werdens."[258] Das ganze Leben sei aufgebaut auf grossen und kleinen Initiationserfahrungen, welche den Menschen die Möglichkeit geben zu wachsen. Das Zusammenspiel von Licht und Schatten, Schmerz und Feierlichkeit, forme den Charakter unserer Entwicklung. Die „School of Lost Borders" möchte den Teilnehmenden von Visionssuchen den heiligen Charakter ihres Lebens vermitteln.[259] So sei es auch möglich, mehrmals eine Visionssuche zu machen. „Die mythologische Literatur quillt über von Berichten über Heilige und Helden, die immer wieder zur heiligen Schwelle zurückkehrten, um sich zu regenerieren oder die Vision zu erlangen, der sie auf der Spur waren."[260] Foster und Little berichten, dass sie sich jedes Jahr zu einem Fastenritus in die Berge in der Nähe ihres Zuhauses begeben. Sie betrachteten diesen Rückzug nicht mehr als eine Prüfung, sondern als Heimkehr.[261]

6.1.2. Elemente der Visionssuche

Im Folgenden werden wichtige Elemente der Visionssuche nach Tradition der „School of Lost Borders" dargestellt.

---

[258] http://schooloflostborders.org/term/school (13.10.15); aus dem Englischen durch den Verfasser übersetzt.
[259] Vgl. http://schooloflostborders.org/term/school (13.10.15); aus dem Englischen durch den Verfasser übersetzt.
[260] Foster/Little, Vision Quest 241
[261] Foster/Little, Vision Quest 242

Medizinwanderung

Etwa einen Monat vor der Visionssuche gestalten Leute, die sich zu einer Visionssuche entschieden haben, eine eintägige Medizinwanderung von Sonnenaufgang bis -untergang. Die eintägige Reise sei ein mikrokosmisches Abbild unserer Lebensreise. Als Vorbereitungszeremonie stellt die Wanderung einen Spiegel für die Lebenssituation des Initianden dar.[262] Bei der Medizinwanderung geht es nicht um eine sportlich anspruchsvolle Leistung, sondern vielmehr um eine Übung in Achtsamkeit, bei der sich der Initiand bemüht, sorgfältig wahrzunehmen, was ihm draussen in der Natur begegnet. Zu Beginn überschreitet der Kandidat die symbolische Schwelle zwischen dieser und anderen Welten. Der Sinn der Wanderung bestehe darin, sich wie ein Fluss in einem selbstgewählten Bett dahintreiben zu lassen.[263] Die Leitperson der Visionssuche, Hebamme genannt, hilft dem Novizen dann zu Beginn der gemeinsamen Woche, die ‚Geschichte' seiner Medizinwanderung zu interpretieren. Die Hebamme zeigt dem Visionssuchenden auf, wie die Medizinwanderung möglicherweise seine Lebenssuche widerspiegelt.[264]

---

262 Vgl. Foster/Little, Vision Quest 61
263 Vgl. Foster/Little, Vision Quest 62
264 Vgl. Foster/Little, Vision Quest 62

Das Medizinrad oder das Modell der „Vier Schilde"

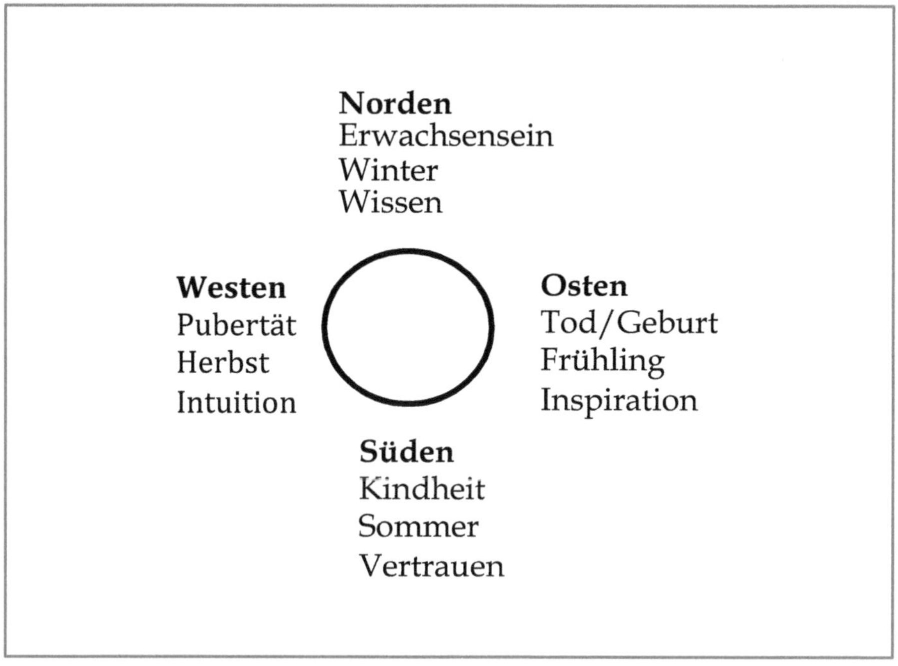

Abbildung 4 Das Modell der vier Schilde nach Foster/Little[265]

Das Modell der „vier Schilde" ist ein wichtiges Werkzeug, welches dem Teilnehmer einer Visionssuche hilft, sein eigenes Leben und seine Entwicklung im Kontext der Natur zu sehen. Jeder Windrichtung sind ein Lebensalter, eine Jahreszeit, ein Naturelement und eine geistige Qualität zugeordnet. Beim Modell der „Vier Schilde" handelt es sich um ein natur- und entwicklungspsychologisches Modell, welches von Steven Foster und Meredith Little aus mehreren indigenen „Medizinrädern" entwickelt und mit modernen anthropologischen und entwicklungspsychologischen Erkenntnissen verbunden wor-

---

[265] http://www.eschwege-institut.de/seminarinformationen.html

den ist. Das Modell der „Vier Schilde" gibt Hinweise auf Gesetzmäßigkeiten des Wandels im Verlauf des menschlichen Lebens.[266] Entwicklung geschehe dadurch, dass wir als Menschen das Rad ständig durchwandern und dabei eingeladen sind, dessen verschiedene Aspekte zu integrieren.[267] „Erstarrungen treten dann auf, wenn Menschen einen Teil ihres Lebensrades unter- oder übernähren, z.B. indem der arbeitssüchtige Vater einseitig den Norden füttert und dadurch der Süden verkümmert, bzw. das Spiel mit seinen Kindern."[268]

Der Süden des Medizinrads widerspiegelt die Kindheit, den Sommer des Lebens. Das Kind hat sich noch nicht abgelöst, es wächst in der Sicherheit des Elternhauses auf. Es hat noch zu viel Angst, um sich den Schattenungeheuern des Erwachsenendaseins allein zu stellen.[269] Dem Süden entspreche das Basisgefühl des Vertrauens und des unverzweckten Spiels - sei es des Liebesspiels mit Partner oder Partnerin, oder das Spiel mit den eigenen Kindern. Das Naturelement des Südens sei das Wasser.

Dem Westen zugeordnet ist die Jahreszeit des Herbsts und das Lebensalter des Heranwachsenden. Dieser hat seine Unschuld verloren. Emotionen und Empfindungen der Kindheit haben sich zum ‚Gefühl' und zur Einsicht des jungen Erwachsenen weiterentwickelt. „Mit dem Herbst und dem damit verbundenen ‚Fallen' kommt das Bewusstsein des Bösen – und der Reife. Mit der Reife kommt eine Fähigkeit, nach innen zu schauen, selbstbewusst aufzutreten, Veränderungen zu akzeptieren, mit den Folgen der eigenen Handlungen zu tanzen, sich den Drachen der Lebenssuche zu stellen und innerlich zu wachsen."[270] Im Westen werde deutlich, was Erwachsen-Sein bedeute. Mit

---

[266] Vgl. http://www.eschwege-institut.de/seminarinformationen.html#VierSchilde (12.10.15)
[267] Vgl. Häni, Look at the wilde side, 14
[268] Häni, Look at the wilde side, 14
[269] Vgl. Foster/Little, Vision Quest 187
[270] Foster/Little, Vision Quest 192

dem Element Erde verknüpft ist die Innenschau, die Intuition. Hat der Heranwachsende einen guten Bezug zu sich selber, entwickle er einen sicheren Instinkt für das, was er gerade braucht und was ihm wichtig sei.

Dem Norden entspricht der strenge Winter des menschlichen Lebens mit kalten, eingeschneiten Bergen. „Wir machen unsere Zeit als ‚Älteste' durch. Unsere Erfahrung hat uns mit der Weisheit des Überlebens unserer heiligen Vorfahren ausgestattet. Unsere Bestimmung liegt darin, das weiterzugeben (zu vermitteln), was wir besitzen, denken, wissen und verstehen. Wir nehmen unseren Platz als Seniorpartner, Häuptling, Präsident, Grossvater oder –mutter oder Botschafter ein."[271] Dem Lebensalter des Nordens entspricht der Zenit der menschlichen Entwicklung. Es geht um Pflege und Weitergabe von Wissen. Das Naturelement des Nordens ist der Wind.

Der Osten ist die Himmelsrichtung des Lichtes, der Sonne und des Feuers. Hier ereignen sich Tod und Geburt zugleich: „Im Osten erblicken wir immer wieder das Licht der Welt mit grossen verwunderten Augen. War da wirklich ein harter, kalter Winter? In dem Moment, als wir unseren letzten Atemzug taten, wurden wir bereits vom strahlenden Glanz neugeborener Augen empfangen. Unsere Runzeln, unsere Lahmheit, unsere Gebrechen schwinden dahin im glühenden Wunsch nach Geburt."[272] Den Elementen des Feuers und des Lichts entsprechen im geistigen Bereich Kreativität und Inspiration.

Das Medizinrad, bzw. das Modell der „Vier Schilde" ist nicht ein rein logisches Konstrukt, ihm haftet ein Hauch Esoterik an. Andererseits basiert es auf dem Erfahrungswissen traditionaler Kulturen.

---

[271] Foster/Little, Vision Quest 196
[272] Foster/Little, Vision Quest 201

Spiegeln

Ein wichtiges Werkzeug ist die Kulturtechnik des Spiegelns. Dieses hat im schamanischen Kontext eine spezifische Bedeutung: Die Ritualleitperson hilft dem Initianden zu verstehen, was die Erfahrungen und Erlebnisse in der Natur für ihn bedeuten. Dabei geben die Leiter in ihren Worten wieder, was sie gehört haben, und verstärken das so Aufgenommene auf eine wohlwollende, ermutigende Weise.[273] Dabei dient - genau genommen - die Natur zunächst als Spiegel, welcher das reflektiert, was für das Innenleben des Visionssuchenden bedeutsam ist. Diese Bilder werden dann in einer Art von Feed-back an die Initianden weitergegeben: „Spiegeln gibt es in vielerlei Kontexten. Im Rahmen der Wilderness Arbeit Ist Mirroring (Spiegeln) eine bestimmte Art zuzuhören und zu sehen und dem anderen das Gesehene/Gehörte zurückzugeben, die von traditionellen Kulturen stammt."[274] Was mit „eine bestimmte Art zuzuhören" gemeint ist, kann nicht endgültig geklärt werden, es scheint jedoch damit zu tun zu haben, dass die Rückmeldung wertschätzend und aufbauend erfolgt. Die Rückmeldung ist überdies nur in dem Mass für den Einzuweihenden relevant, in welchem diese für ihn Sinn macht.

Markus Ehrat verwendet im Interview den Begriff Spiegeln in einer dritten Weise, wenn er darauf hinweist, dass der Mann im Übergang sich das anerkennende Gespiegelt-Werden durch seinen Mitbruder wünscht.[275] In der Ritualgruppe und im Ritual erfolgen Rückmeldungen in einer Weise, dass männliche und väterliche Energie spürbar werde.[276]

---

[273] Vgl. Häni, Look at the wilde side, 16
[274] http://www.wilderness.at/seminare/spiegeln-mirroring/ (14.10.15)
[275] Vgl. Interview mit Ehrat (Anhang 9.1.)
[276] Vgl. Interview mit Ehrat (Anhang 9.1.)

Die Schwitzhütte

Die Schwitzhütte gehört nicht zur Visionssuche im engeren
Sinn; vielmehr ist diese ein eigenständiges Reinigungsritual,
welches aber als Vorbereitung auf das Kernritual der Visionssuche verwendet werden kann. „Die Schwitzhütte, oder Inipi
(Lakota: sie schwitzen) war bei den Indianern Nordamerikas
wie vermutlich auch bei vielen anderen Völkern der nördlichen Erdhalbkugel weit verbreitet und diente der Vorbereitung
von Zeremonien, der Reinigung und physischen Gesunderhal-
tung und zur Heilung bei Erkrankung."[277]
Das Ritual wurde durch Mitglieder des Stammes der Lakota
nach Europa gebracht, wo es seit den 1990er-Jahren zunehmend auf Interesse stößt. Die ersten Schwitzhütten in Europa
fanden vermutlich 1982 und 1983 im Rahmen der Schamanis-
mus-Konferenzen im Tirol statt.[278] „Die Schwitzhütte dient der
Klärung persönlicher Anliegen und hilft, Kräfte zu bündeln.
Das Setting der Schwitzhütte – es ist dunkel und warm – ermöglicht in Verbindung mit einfachen Methoden (u.a. Stille,
Lieder) eine Ekstase der natürlichen Art." [279] „Schwitzen und
Beten sollen eine äußere und innere Reinigung und die Wie-
dervereinigung mit dem Geist bewirken, damit der Mensch
neu geboren wird. Die Schwitzhütte mit ihrer Kuppel gleicht
nach der traditionellen Erklärung dem Bauch einer schwange-
ren Frau, die auf der Erde liegt. So kehren die Teilnehmer in
den Bauch der Mutter und der Mutter Erde zurück und erleben durch die rituell aufgerufenen Energien eine Reinigung,
Erneuerung und Neuschöpfung ihrer Lebensenergie."[280]

---

[277] https://de.wikipedia.org/wiki/Schwitzhütte (14.10.15)
[278] Vgl. https://de.wikipedia.org/wiki/Schwitzhütte (14.10.15)
[279] Gasser, in http://www.maenner-initiation.ch/typo/index.php?id=8 (27.11.15)
[280] https://de.wikipedia.org/wiki/Schwitzhütte

Das Kernritual

Das Kernritual der Visionssuche besteht im einsamen Fasten in der Wildnis über drei bis vier Tage und Nächte. „Allein in der Abgeschiedenheit und Stille, erträgt er Hunger, Entbehrung, Einsamkeit und die Gewalt der Elemente, um für sein Leben und seine Gemeinschaft eine Vision zu erhalten. Während er eine lange dunkle Nacht lang fastet und betet, wird ihm eine Gabe verliehen, eine Gunst, ein Zeichen göttlicher Gnade, ein Geistführer. Wenn seine Nachtwache beendet ist, kehrt er, ausgestattet mit neuer Kraft, zu seiner Gemeinschaft zurück."[281] Die Visionssuche sei als ein Prozess von Tod und Neugeburt zu verstehen, bei der „der Mensch in seiner alten Rolle stirbt, die Erfahrungen der Vergangenheit verarbeitet und ‚kompostiert' und neu in die Welt zurück kommt."[282]
Die letzte Nacht draussen in der Natur ist die Wachnacht: In den langen Stunden der Wachnacht rufe der Quester alle Energien herbei, die ihm eine Vision, ein Bild, eine Eingebung für den Sinn und Inhalt seines künftigen Lebens schenken mögen. In dieser Nacht verstärken sich die Faktoren Fasten, Alleinsein und Schlafentzug und öffnen den Raum für veränderte Bewusstseinszustände. Am Punkt der tiefsten Nacht trete der Tod des bisherigen Ichs endgültig ein, und kurz vor der Rückkehr des Lichts am frühen Morgen komme der Moment, an dem das Neue in die neue Lebensphase hinein geboren werde.[283]

Die Integration

Nach der Vorbereitung auf das Kernritual und dem Kernritual selber bleibt dem Visionssuchenden noch die Aufgabe, die ge-

---

[281] Foster/Little, Vision Quest 118
[282] Koch-Weser Silvia/Von Lüpke Geseko in Häni, Look at the wilde side, 23
[283] Vgl. Häni, Look at the wilde side, 26

machten Erfahrungen in sein Leben zu integrieren. Der erste Schritt dazu ist die Rückkehr der Teilnehmenden in die Quester-Gemeinschaft. Erst danach werden sie wieder in ihre gewohnte Welt zurückkehren.[284] In der Gruppe berichten sie von den gemachten Erfahrungen und von der Vision, die ihnen zuteil geworden ist. Letztere haben sie wahrgenommen in Form von neuen Erkenntnissen, Träumen oder geistiger Revitalisierung; aber auch als Inspiration, mehr Selbstbewusstsein, innere Entschlossenheit, Erdung und Liebe zur Mutter Erde kann ihnen diese Vision geschenkt werden.[285] All das sind mögliche Aspekte der Initiationserfahrung. Nachdem sie etwas davon mit den andern Teilnehmenden geteilt haben, geht es für jeden einzelnen um die Umsetzung seiner Vision in seinem persönlichen Leben: „Die Quester müssen lernen, ihre alltäglichen Lasten zu schultern und ihre Einsichten aus der Zeit in der Wildnis im Herz zu tragen, sie mit heim in die Familien, Partnerschaften und Berufe zu nehmen. ... Sie bringen das in der Wildnis neu Geborene selber in die Welt ein und sind aufgefordert, es sorgfältig zu pflegen.'"[286]

6.1.3. Selbstversuch: Visionssuche mit Monika Flückiger und Stephan Dubach

Vom 4. bis 10. Juli 2015 habe ich selber an einer Visionssuche schamanischer Tradition im Kanton Bern teilgenommen. Meine Medizinwanderung hat mich am 2. Juli von zu Hause in die nähere Umgebung geführt. Vom Aufgang der Sonne bis um 17.00 Uhr bin ich unterwegs gewesen. Schon am Vormittag gelange ich an einen See in einem Naturschutzgebiet. Ein athletischer Mann jüngeren Alters springt vom Sprungturm ins Wasser. Ich selber wähle einen sachteren Einstieg. Nach ein

---

[284] Vgl. Foster/Little, Vision Quest 121
[285] Vgl. Foster/Little, Vision Quest 175
[286] Häni, Look at the wilde side, 27

paar Schwimmbewegungen liege ich entspannt im Wasser und lasse mich von diesem tragen.

Ein paar Tage später treffe ich im Gurniggelgebiet die sechs Frauen, mit denen ich meine Visionssuche machen werde. Ihnen erzähle ich von meiner Medizinwanderung. Auch die Kursleiterin Monika hört aufmerksam zu. Sie nimmt das Anliegen auf, dass es in meinem künftigen Leben darum gehen könnte, stärker meinem eigenen Rhythmus zu finden und mich diesem hinzugeben. Ich solle mich weniger von andern zu Leistungen antreiben lassen, sondern dem folgen, was sich für mich als stimmig anfühlt. Auf der Medizinwanderung habe ich mich im Verlauf des Nachmittags entschieden gehabt, mich wieder auf den Heimweg zu machen, obwohl die Rückkehr eigentlich auf die Zeit nach dem Sonnenuntergang vorgesehen gewesen ist. Monika bestärkt mich darin, auf mein Inneres zu hören und diesem zu trauen.

Am ersten Abend im Gurnigelgebiet werden wir durch Stephan, den zweiten Begleiter durch eine Trancereise geführt, auf der jeder nach seinem persönlichen Schutztier Ausschau hält. Ich schlafe ein und wähle mein Schutztier deshalb aus einer Anzahl zugedeckter Bildkarten. Meine Wahl fällt auf einen Falken. Der Raubvogel gilt als unabhängig; er habe ein Gespür für die Magie des Lebens. Er beobachte scharf und entdecke die Spuren zu Kraftquellen. Sein schriller Schrei durchdringt die Seele und lädt dazu ein, nach der Wahrheit zu suchen.

Tags darauf mache ich mich auf die Suche des Platzes, wo ich drei Tage und Nächte verbringen werde. Am Sonntagabend erleben wir in der Schwitzhütte ein traditionelles Reinigungsritual. Darin wird es so heiss, so dass Widerstände im Innern der Teilnehmenden schmelzen. Viermal werden aus dem Feuer, welches neben der Schwitzhütte lodert, glühende Steine ins Zelt getragen. Damit werden die rituellen „Runden" eröffnet:

Zuerst werden helfende Kräfte angerufen. In der zweiten Runde geht es um Loslassen vom dem, was einem hinderlich zu sein scheint. In der dritten Runde bitten wir um neue Impulse und in der vierten Runde danken wir für die Kräfte des Lebens. Die glühenden Steine verkörpern die Ahnen; diese bringen die Energie in die Schwitzhütte. Auf den Steinen verbrennt jedes Mal eine Weihrauchgabe. Die Schwitzhütte gilt als Symbol der Gebärmutter.

Am Montag beginnt das Kernritual draussen in der Natur. Monika begleitet mich über die Schwelle. Ich formuliere das Anliegen meiner Visionssuche: „Ich vertraue auf mein Mass und verzichte darauf, es andern immer recht machen zu wollen."

„Mein" Platz befindet sich 30 Minuten vom Basislager entfernt. Dorthin bringen mir Stephan und Monika Wasser. Hier baue ich einen Unterstand zum Schlafen, eine Feuerstelle und einen Ritualplatz. Auf letzterem platziere ich meinen „Rosmarin-Christus", ein einfaches Kreuz aus zwei Stecken, daran geheftet einen Büschel Rosmarin als Korpus. Der „Rosmarin-Christus" bewacht in den nächsten drei Tagen und Nächten meinen Lagerplatz. Aus Salbeiblättern mache ich Weihrauch. Ich entwickle ein Ritual entlang der Himmelsrichtungen, welches ich täglich mehrmals wiederhole: Gegen Norden bitte ich Gott um Weisheit und singe dazu „Veni creator". Gegen Osten bitte ich um Erleuchtung und singe „Da nos un corazon". Gegen Süden gewandt bitte ich um Vertrauen, dazu ist mir das Lied „Confitemini domino" eingefallen. Gegen Westen bitte ich um Intuitionskraft, dazu „Mon âme se repose". Ich verzichte auf feste Nahrung und trinke nur Tee und Bouillon. Jeden Tag lese ich in der Heiligen Schrift. Jakobs Kampf am Jabbok (Genesis 32,23-32) geht mir besonders unter die Haut, ebenso Matthäus 9,32-38, wo es heisst: „Als der Dämon ausgetrieben war, begann der Stumme zu reden." Ich rede mit niemandem, drücke aber mein Innenleben mit poetischen „Dreizeilern" aus:

Kämpfe am Wasser
Ich erlebe Erleuchtung
Sehe nur Rücken.

Ich höre Wasser,
bade in der Schwarzwasser
und will vertrau-en.

Meinen Weg gehen,
meiner Visi-on folgen
mit Mutter Erde.

Ich zünd ein Feu-er,
die Nacht wird immer dunkler:
Zeit der Erleuchtung.

Vertrau-en in mich,
Möglichkeiten weisen sich
Achtsam warte ich.

Zurück im Basislager lesen wir einander unsere „Dreizeiler" vor. Jeder nimmt sich Zeit und spürt nach, was er aus der Einsamkeit und Stille der Natur für sich nach Hause nimmt. Für mich zentral sind Vertrauen und Hoffnung: Vertrauen in meinen Gott, der mich begleitet und in Mutter Erde. Ich nehme mir vor, vermehrt Waldspaziergänge zu machen. An meinem neuen Wohnort möchte ich ein Stück Garten bebauen. In Verbindung mit Mutter Erde gelingt es mir, in mich hineinzuhorchen und mich der Zukunft zu öffnen. Ich weiss nicht recht, ob ich meine Vision gefunden habe. Aber es ist mir wohl in meiner Haut, und Zuversicht hat sich in mir breit gemacht. Ich bin geduldiger und achtsamer geworden. Mit den Schriftlesungen, Singen, Fasten und Wandern bin ich als Christ auf meiner Visionssuche unterwegs gewesen.

6.1.4. Die Visionssuche als Ausdruck christlicher Spiritualität

Es gibt eine Reihe von Anknüpfungspunkten zwischen der Visionssuche schamanischer Tradition und christlicher Spiritualität, so das Fasten und der Rückzug in die Einsamkeit. Das Markusevangelium verbindet die Taufe Jesu (1,9-11) mit seinem Aufenthalt in der Wüste (1,12f). Er sei zu den wilden Tieren gegangen und habe das helfende Wirken der Engel erfahren. Diese Erfahrung zu Beginn seines Wirkens in Galiläa habe ihn für seine Sendung gerüstet – man könnte auch sagen, diese habe ihn initiiert. Auch wenn die Taufe der Wüstenerfahrung vorausgeht, bilden Taufe und Wüstenerfahrung eine Einheit. Jesus wird durch die Elementarkräfte herausgefordert, nachdem er durch die Taufe in seiner Sendung bestätigt worden ist. Fasten und Gebet stärken ihn in seiner Verbundenheit mit Gott. In diese Richtung deutet auch das Friedensevangelium der Essener, welches allerdings nicht zu den kanonischen Schriften gehört, das Fasten: „Wahrlich, ich sage euch, wenn ihr nicht fastet, werdet ihr euch nie aus der Macht des Satans befreien können und von allen Krankheiten, die Satan verursacht. Fastet und betet inbrünstig und sucht die Kraft des lebendigen Gottes für eure Heilung."[287] Fasten helfe, sich gegen die instinktive Angst vor dem Tod zu wappnen und vermittle eine Vorahnung von der endgültigen Leere.[288] Im christlichen Glauben wird die Vollendung des menschlichen Lebens zwar nicht mit endgültiger Leere in Verbindung gebracht. Hingegen besteht auch im Christentum zwischen Initiation und Tod ein

---

[287] Foster/Little, Vision Quest 151
[288] Vgl. Foster/Little, Vision Quest 151

Zusammenhang: „Wisst ihr denn nicht, dass wir, die wir auf Christus Jesus getauft wurden, auf seinen Tod getauft worden sind?" (Röm 6,3)

Die Visionssuche ist eine Schwellenzeremonie. Diese hat die Aufgabe, die Beziehung zwischen dem „Natürlichen" und dem „Menschlichen" herzustellen. In den Zeremonien enthülle Mutter Natur ihr heiliges Antlitz (Martin Buber).[289] Auch viele Christen haben das Verlangen, sich in der Natur mit dem Göttlichen zu vereinen. Dieses Anliegen verfolgt überdies die Tiefenökologie, welche ihre Wurzeln in den mystischen Traditionen, insbesondere der "philosophia perennis" habe.[290] Dolores LaChapelle, eine wichtige Vertreterin der Tiefenökologie, stellt die Hypothese auf, dass Zeremonien in der Natur die Wahrnehmungskräfte des Hirnstamms und des Kleinhirns aktivieren und so den Menschen in die Lage versetzten, mit Tieren, Steinen und anderen Geistwesen zu kommunizieren.[291] „Wenn ein Mensch mit Mutter Natur kommuniziert, kommuniziert sie auch mit ihm. Sie segnet seinen Weg, indem sie seine Schritte wohl ausbalanciert und ihn durch ihre Gnade auf der Hut sein lässt und gesund erhält. Sie passt auf, dass er nicht fällt: ‚Und jene, die ihre Mutter lieben, wird sie nie verlassen. Wie die Henne ihre Küken schützt, wie die Löwin ihre Jungen, wie die Mutter ihr Neugeborenes, so schützt die Erdenmutter den Menschensohn vor allen Gefahren und allem Übel.' (Friedensevangelium der Essener. Buch 1)"[292] Als Christen würden wir sagen, Gott kommuniziere mit uns Menschen auch über die Natur, und der Segen der Schöpfung ist Segen Gottes. Überdies kommt die Bezeichnung von der Mutter Erde (vgl. Sir 40,1) und das Bild von der Henne und ihren Küken zur Um-

---

[289] Vgl. Buber Martin, Der Weg des Menschen nach der chassidischen Lehre, 1953, in Foster/Little, Vision Quest 143

[290] Vgl. http://www.tiefenoekologie.de/de/tiefe-oekologie.html

[291] Vgl. Foster/Little, Vision Quest 143

[292] Foster/Little, Vision Quest 143f

schreibung von Gottes mütterlicher Liebe (Mt 23,37) auch in der Bibel vor.

Ein wichtiger Punkt zu Beginn der Visionssuche ist, dass der Suchende zur Sprache bringt, was er sich von der Begegnung mit dem Göttlichen erwünscht. Psalm 42, Verse 2 und 3 formulieren ein ähnliches Anliegen: „Wie der Hirsch lechzt nach frischem Wasser, so schreit meine Seele, Gott, zu dir. Meine Seele dürstet nach Gott, nach dem lebendigen Gott. Wann werde ich dahin kommen, dass ich Gottes Angesicht schaue?" Bei diesen Versen fällt auf, dass die Sehnsucht des Suchenden verglichen wird mit dem Durst des Hirschs nach frischem Wasser. Der Betende ist in seinem Erleben der Natur ganz nahe und erbittet „a vision", ein Gesicht. Schwarzer Hirsch, ein Medizinmann der Oglala-Lakota-Indianer, der zugleich Katechist in einem Reservat in South Dakota (1863-1950) ist,[293] nennt die Schwelle der Visionssuche „Hanbletscheyapi", zu Deutsch das „Flehen um ein Gesicht".[294] Nach Foster und Little bete der Quester auch nicht nur um ein Gesicht für sich selbst, sondern um eines, das er seinem Volk mit zurückbringen kann.[295] Sie deuten an, in welcher Form ein solches Gesicht erwartet werden kann: „Anzeichen für eine Antwort hängen im Wesentlichen von der Fähigkeit des Flehenden ab, in den Spiegel der Natur zu sehen. Dieser Erfahrungsrahmen wird ihm Erkenntnisse bescheren, Inspiration, Selbstbewusstsein, Selbstbefähigung, einen persönlichen Mythos, innere Entschlossenheit, Träume, geistige Revitalisierung, Erdung, Liebe zur Mutter Erde oder persönliche Transformation. All dies sind Bestandteile der Vision."[296] Ähnliches kennen wir von den Visionen der Mystiker. Zwar ist derjenige, der erscheint, bei christlichen Mystikern in aller Regel der Gekreuzigte und Auferstandene. Aber die Wirkung des

---

[293] Vgl. https://de.wikipedia.org/wiki/Black_Elk (14.10.15)
[294] Vgl. Foster/Little, Vision Quest 174
[295] Vgl. Foster/Little, Vision Quest 174
[296] Foster/Little, Vision Quest 175

mystischen Geschehens ist mit dem Ergebnis einer Visionssuche vergleichbar. Bei beiden führt die Begegnung mit dem Göttlichen für den Visionsempfänger zu Vitalität, Erdung, Liebe und Transformation.

6.2.   Men's Rites of Passage (MROP) nach Richard Rohr

Richard Rohr hat sich intensiv mit Übergangsritualen in traditionalen Gesellschaften auseinandergesetzt. Bei der Entwicklung der MROP nimmt er Bezug auf die Forschungen von Mircea Eliade (1907-1986), dem Pionier und Begründer der Schamanismus-Forschung, und von Arnold van Gennep (1873-1957). Auch von Foster Stephen und Little Meredith hat er sich inspirieren lassen.

 MROP richten sich ausschliesslich an Männer und sind eine Mischung aus Initiationsritualen, wie solche in traditionellen Kulturen für Männer begangen wurden, und christlichen Exerzitien. Dabei ist Richard Rohr wichtig, dass sich das fünf Tage dauernde Programm nicht ausschliesslich aus geistlichen Vorträgen zusammensetzt. „Es handelt sich nicht um eine Vortragsreihe, sondern um echte Tradition, auf deren Basis sich später das entwickelte, was wir als Sakramente bezeichnen. Das Leben und seine Kreisläufe initiieren uns auf dieselbe Weise, und irgendwann verstehen wir die Botschaft von selbst – wenn es gut geht."[297]
MROP ermöglichen die Entdeckung männlicher Spiritualität und behandeln die Themen Verlust, Trauer, Vaterwunde und Beziehungen unter Männern. Weiter bieten MROP Gelegenheit, sich über die eigenen Prioritäten Gedanken zu machen und mutige Fragen zu den nächsten Schritten im eigenen Leben zu stellen. Rohr legt Wert darauf, dass MROP keine traditionellen Exerzitien oder Informationsveranstaltungen seien,

---

[297] Rohr, Endlich Mann werden, 20

vielmehr gehe es um eine authentische Erfahrung in ungesichertem Umfeld, „but not a threatening (bedrohlich) process that requires participants to engage in anything strange or unsafe."[298] Dafür nötig sei eine „Art von Anfängergeist"[299], die Bereitschaft, sich einzulassen und nicht nur Zuschauer zu sein: „Men are asked to come ... not as an observer. All participants begin at point zero with no agendas to live up to or down to. All that is required is for a man to come with a 'beginner's mind' and the readiness of a young novice seeking wisdom. Ultimately, initiation, like life itself, is not a spectator's sport."[300] Bei den MROP ginge es nicht um Religion, sondern um Spiritualität. Deshalb seien Männer aller Bekenntnisse und Religionen willkommen. „Die Initiation ist für jene Männer am besten geeignet, die spirituell auf der Suche sind, bereits an irgendeiner Art von Männerarbeit Teil genommen haben und nicht in einer deutlichen Ablehnung gegenüber Gott, Gnade oder Transformation stehen. Wir haben Symbole und Rituale verschiedener religiöser Traditionen integriert, aber wir stehen vor allem zu unserem jüdisch-christlichen Erbe."[301] Die MROP – die Männerrituale in Übergangssituationen (was ziemlich genau dem Titel dieser Studie entspricht) – werden auch als Initiationsriten bezeichnet. Diese bestehen nicht aus einem einzigen Ritual, sondern aus einer ganzen Reihe ritueller Handlungen. Teilnehmende müssten in der Lage sein, kurze Strecken zu wandern, zu kriechen, zu fasten und Kälte zu ertragen,

---

[298] Amerikanischer Handzettel MROP 2013/14
[299] Rohr, Endlich Mann werden, 190
[300] http://texasmalespirituality.org/mens-rites-of-passage (17.10.15)
[301] Bewerbungsbogen für die MÄNNER-INITIATION vom 25. bis 29. Mai 2016 bei Wels / Oberösterreich in
http://www.mannsein.at/site/home/home?SWS=4ce157924af7bd5d04468bfb81512625 (16.10.15)

weil sie viel Zeit, unabhängig vom Wetter, in der Natur verbringen würden.[302]
Für die MROP ist also bezeichnend, dass es um Initiation geht. Lateinisch initium heisst Beginn. Die MROP haben Potential, eine existentielle Erfahrung im Christsein zu ermöglichen, vor allem aber bieten sie eine authentische Erfahrung von Mann-Sein und Mensch-Sein. „Initiation geht davon aus, dass du keine Ahnung von diesem Wort hast, solange du keine innere Erfahrung des Absoluten hattest. Und genau um so eine innere Erfahrung geht es."[303] „Irgend eine Art von Taufe (Initiation) ist nötig, um den Weg zur spirituellen Reife anzutreten. Feuer, Wasser, Blut, Scheitern oder heiliges Verlangen können auslösende Momente sein, doch ein Mensch kann nur im Meer schwimmen, wenn er in das zentrale Mysterium stürzt und darin untertaucht. Das ist der notwendige Weg vom falschen zum wahren Selbst."[304] Richard Rohr nimmt die Metaphorik des Taufritus auf, einschliesslich der Dramatik, die im ursprünglichen Ritus des Untertauchens angelegt ist. Häufig wird die Taufe gefeiert als Danksagung für die Geburt eines Kindes. Aber eigentlich geht es dabei nicht um Geburt, sondern um Wiedergeburt: „Menschen werden zweimal geboren: Die physische Geburt wird uns quasi in den Schoß gelegt. Aber es braucht eine zweite Geburt, eine transformative oder erleuchtende Erfahrung, um wirklich unser Wesen zu entfalten. Und die kann in einer Initiation geschehen, in der wir uns al-

---

[302] Vgl. Bewerbungsbogen für die MÄNNER-INITIATION vom 25. bis 29. Mai 2016 bei Wels / Oberösterreich in
http://www.mannsein.at/site/home/home?SWS=4ce157924af7bd5d04468bfb81512625 (16.10.15)
[303] Rohr, Männerinitiation – wieso, warum? in Junge Kirche 4/09, 30
[304] Rohr, Endlich Mann werden, 18

leine, ungeschützt und fastend in die Natur begeben und dort dem Göttlichen begegnen."[305]

„Initiation kann nur bei Männern geschehen, die bereit sind, sich einzulassen und sich hinzugeben. Es wird daher von den Teilnehmern dieser Initiationsriten erwartet, dass sie mit Offenheit nach ihrer Spiritualität und Identität suchen. Es wird vorausgesetzt, dass die Teilnehmer eine grundsätzliche Sehnsucht nach Gott und innerem Wachstum haben und bereit sind, sich auf gemeinsames Erleben, Stille und die Rituale einzulassen."[306]

Im Zentrum der MROP steht die rituelle Sterbenserfahrung für das alte Ego. „Wir wurden also mit ihm begraben durch die Taufe auf den Tod. ... Unser alter Mensch wurde mit ihm gekreuzigt, damit der von der Sünde beherrschte Leib vernichtet werde und wir nicht mehr Sklaven der Sünde seien." (Röm 6,4-10) Unter „Sklaven der Sünde" sind nach Rohr Menschen gemeint, welche sich in einer falschen Selbstsicherheit wiegen. „Allen herausragenden Menschen, denen ich begegnet bin, war etwas gemeinsam: In gewisser Weise sind sie gestorben, bevor sie gestorben sind. Irgendwann in ihrem Leben gerieten sie ans Ende ihrer Möglichkeiten, und dieser Zusammenbruch, der sich gewiss wie Sterben anfühlte, führte sie in ein grösseres Leben. Darum geht es! Sie erlebten im Zusammenbruch einen Durchbruch."[307] Gemeinhin suchen wir nach Initiation durch Leistung, Strapazen und grosse Heldentaten. Initiation sei etwas sehr Wertvolles, aber etwas, das wir nicht verdienen, sondern nur geschenkt bekommen können.[308]

---

[305] Rohr in
   http://www.mannsein.at/site/home/home?SWS=4ce157924af7bd5d04468bfb81512625
   (16.10.15)
[306] http://www.mannsein.at/site/home/home?SWS=4ce157924af7bd5d04468bfb81512625
   (16.10.15)
[307] Rohr, Endlich Mann werden, 18
[308] Vgl. Rohr, Endlich Mann werden, 230

6.2.1. Elemente

Die MROP dauern fünf Tage. Jeder Tag hat einen eigenen Schwerpunkt. Rohr betont, dass das Ritual ein Prozess sei.[309]
Der 1. Tag diene dazu, einen Schwellenraum herzustellen. „Ein Schwellenraum ist ein innerer Zustand, manchmal auch eine äussere Situation, in der ein Mensch beginnt, in wirklich neuer Weise zu denken und sich zu verhalten. Wir sind nicht Fisch noch Fleisch, wir haben den einen Raum verlassen, aber den nächsten noch nicht betreten."[310] Es geht darum, dass der Absolvent der MROP bereit wird, seine Alltagsroutinen aufzugeben und sich auf die Welt jenseits der Alltagsplausibilitäten einzulassen. Sehnsucht und Vorfreude sollen geweckt werden. Körper und Seele werden in ihren Lebensvollzügen verlangsamt.
Der 2. Tag wird Tag des Todes genannt. Hier geht es darum, den Initianden das Sterben näher zu bringen, welches für ein spirituelles Leben notwendig ist. Die Initianden bekommen viel Zeit für Stille. Verlangsamung ist weiter angesagt. Die Initianden müssten es aushalten, dass es im Leben nicht auf alle Fragen immer gleich eine Antwort gibt. Die Psyche soll aus ihrer Trance, und der Körper aus seiner Selbstzufriedenheit aufwachen.
Der 3. Tag wird Tag der Trauer genannt. Dem Tod folgt die Trauer. Es gehe um Erfahrungen von Verlust, Kummer und Kapitulation. Die Männer sollen sich fragen, was sie bisher verloren, aber noch nicht losgelassen haben, bzw. was sie loslassen müssen, um ihre Reise fortsetzen zu können.
Der 4. Tag wird Tag der Initiation genannt. Die Männer erhalten einen individuellen Segen und werden in die einsame Natur geschickt, um Gott und sich selbst – der eigenen Vision da-

---

[309] Vgl. Rohr, Endlich Mann werden, 226
[310] Rohr, Endlich Mann werden, 184

von – zu begegnen. Der Tag lebt von Fasten und Stille und schliesst mit einer nächtlichen Feier am Lagerfeuer.

Der 5. Tag ist Tag der Wiedereingliederung und Kommunion; dieser wird mit einem Abendmahlsgottesdienst und einem Fest begangen.[311]

6.2.2. Gemeinsamkeiten und Unterschiede zur Visionssuche

In Übereinstimmung mit der Visionssuche und andern Übergangsritualen halten sich die MROP an die drei Schritte Loslassen, Übergang und Neuausrichtung. In beiden Ritualen ist das Überschreiten einer Schwelle zentral. Viele Elemente der MROP finden in der Natur draussen statt, auch wenn die Teilnehmer gemeinhin in einem Kurshaus untergebracht sind. „Der Mann muss sich von der Fixierung auf die materiellen Werte lösen, die er für das Absolute hält. Dazu braucht es die Natur. Hier muss er seinen Platz einnehmen. Er findet etwas, das grösser ist als er selbst und das er nicht kontrollieren kann: Stille, Alleinsein, Natur. Ich erlaube den Männern nicht einmal, eine Bibel mitzunehmen, nur sich selbst."[312]

Spezifisch für die MROP scheint mir zu sein, dass traditionale Elemente christlich erschlossen und ausgestaltet werden. So werden die Männer am vierten Tag mit einem Segen auf die eigentliche Visionssuche geschickt. Der Initiationsritus selber ist von der paulinischen Tauftheologie nach dem 6. Kapitel des Römerbriefs geprägt. Die Wiedereingliederung der Initiierten schliesslich geschieht im Rahmen einer Abendmahlsfeier. Tendenziell scheint mir das Teaching bei den MROP stärker im Vordergrund als bei der Vissionssuche, auch wenn Rohr Wert darauf legt, dass das Ritual nicht in aneinandergereihten Referaten besteht. Die drei bis vier Tage und Nächte in der Wildnis bei der Visionssuche konfrontieren den Initianden noch radika-

---

[311] Vgl. Rohr, Endlich Mann werden, 224-226
[312] Rohr, Männerinitiation – wieso, warum? in Junge Kirche 4/09, 31

ler mit der Natur, als dies bei den MROP der Fall ist. Analog zur christlichen Taufe können die MROP nur einmal im Leben erfahren werden, während sich Initiierte nach einer Visionssuche immer mal wieder in die Wildnis begeben. Richard Rohr verbindet Taufe und Firmung mit dem Grundgehalt traditionaler Initiationsriten. In den letzten Jahren verwendet er das Wort „FIRMing" in spezifischer Weise, indem er darunter ein dreitägiges Ritual für bereits initiierte Männer versteht, welches die Aufgabe hat, das bei der Initiation Erfahrene zu bestärken und weiterzuführen. Kernpunkt des Rituals ist erneut ein 24-Stunden-Aufenthalt in der Natur, in welchem der Quester fastet. „Der Begriff Initiation sagt es bereits: es ist eine "Einführung" in das Leben mit dem wahren Selbst. ... Das FIRMing stellt uns einen Übungsraum zur Verfügung, um in der Auseinandersetzung mit einem Thema weiter an Tiefe zu gewinnen."[313]

Richard Rohr hat in den vergangenen Jahren über 5'000 Männer durch die Initiation geführt. Nun hat er Männer seines Vertrauens damit beauftragt, den Prozess weiterzutragen und weiteren Männern eine Initiation zu ermöglichen.

6.3.   Intensivseminare mit Schwitzhütte (Stefan Gasser-Kehl)

6.3.1. Zur Person von Stefan Gasser-Kehl

Stefan Gasser, geboren 1968, ist katholischer Theologe und hat eine Lizentiatsarbeit über Männer- und Bubenarbeit[314] geschrieben. Er ist in New-Mexico Richard Rohr begegnet und liess sich von Reinhold Hermann Schäfer zum Leiter für Naturseminare und Spezialcoach für Männer ausbilden. Seit 2006 führt er ein eigenes Unternehmen für Naturrituale und

---

[313] http://www.maennerpfade.org/firming (17.10.15)
[314] Gasser, Wann ist ein Mann ein Mann?

Coaching für Männer und arbeitet als Gefängnisseelsorger. Zu seinen festen Angeboten gehört eine jährliche 14-tägige Visionssuche für Männer im Onsernone Tal sowie Schwitzhüttenrituale unter dem Titel „Reigen der 4 Archetypen".[315]

6.3.2. Schwitzhütten-Seminare „Reigen der 4 Archetypen"

Stefan Gasser verbindet die Jahreszeiten mit den Archetypen des Mannseins. Diese stehen übrigens auch im Zentrum der Initiationsarbeit von Richard Rohr.[316] Den Winter verbindet Gasser mit der Würde und Verantwortung des „Königs", den Frühling mit der Durchsetzungskraft des inneren „Kriegers", den Sommer mit der sinnlichen Lebendigkeit des „Liebhabers" und den Herbst mit der Weisheit und Intuition des „Magiers".[317] Dieser Zyklus korrespondiert mit dem Modell der vier Schilde nach Foster und Little.[318] Die vier Archetypen verkörpern unterschiedliche Energien, welche essentiell zum Mann-Sein gehören. Für Richard Rohr bedeutet Mann-Werdung Initiation in diese vier Weisen des Mann-Seins.[319]

Ein 50-jähriger Teilnehmer eines Schwitzhütten-Seminars von Stefan Gasser berichtet: „Bei meinem ersten Archetypen-Seminar ging es um den ‚Magier': Intuition, Weisheit, Gelassenheit. Charakteristiken, die in meinem Fall, ohne es zu wissen, völlig verschüttet waren und erst wieder wachgerüttelt werden mussten. Ohne Vorbedingungen und Erwartungen stieg ich ins Seminar. Zu meiner angenehmen Erkenntnis war kein Gruppendruck und keine Erwartungshaltung vorgegeben. Ich konnte nebst einer grossen Kraft und Zuversicht auch Enthusiasmus und Erkenntnis für mich gewinnen; die Erfahrung war mir sympathisch und tat körperlich wie seelisch

---

[315] Vgl. http://www.maenner-initiation.ch/typo/index.php?id=5 (31.10.2015)
[316] Vgl. Rohr, Endlich Mann werden, 169-183
[317] http://www.maenner-initiation.ch/typo/index.php?id=16 (31.10.2015)
[318] http://www.eschwege-institut.de/seminarinformationen.html
[319] Vgl.Rohr, Endlich Mann werden, 169-183

gut."[320] Bei diesem Statement fällt auf, dass der Teilnehmer im Seminar Gelegenheit erhält, verschiedene Qualitäten des Mann-Seins in sich zu entdecken. Denn es könne sein, dass einzelne davon verschüttet oder noch gar nie richtig ausgebildet gewesen sind. Bei vielen Seminarteilnehmern sei die Energie des „inneren Kriegers" besonders schwach entwickelt. Im Übrigen wird beschrieben, wie die Initiation in einen Teilaspekt des Mannseins als Ermutigung erlebt wird und zu neuen Erkenntnissen führt. Die Erfahrung habe körperlich wie seelisch gut getan. Gasser spricht im Zusammenhang mit den Männerseminaren nicht von Initiation und Visionssuche, vermutlich um die Begrifflichkeit nicht mit den intensiveren Übungsanlagen der von ihm angebotenen Visionssuchen durcheinander zu bringen. Der Sache nach handelt es sich aber bei der Schwitzhütte um die Grunderfahrung einer Männer-Initiation. Ein anderer Teilnehmer diese Erfahrung aus seinem Blickwinkel: „Ich kann mich selbst als Teil von etwas Grösserem, Umfassenderem erfahren."[321] Im Zentrum der verlängerten Wochenendseminare stehen der Aufbau der Schwitzhütte und das Schwitzhüttenritual selber. Dieses hat eine grosse Wirkung: „Wenn mein Denken und Leben wieder zu analytisch und statisch wird, genügt mir häufig ein Gedanke an die Schwitzhütte oder ein inneres Ausrichten nach den Himmelsrichtungen, damit alles wieder in Bewegung und in Fluss kommt."[322] Die Männer-Seminare dienen nicht nur dem Auffinden der eigenen Männlichkeit, sondern zeitigen auch eine Gemeinschaftserfahrung unter Männern: „Durch die Schwitzhütten habe ich letztendlich auch zu den Männern gefunden. Ein unglaubliches Geschenk! Nie zuvor habe ich männliche

---

[320] Gasser, Erfahrungsbericht eines 50 jährigen Wellnesstrainers und Masseurs (nicht veröffentlicht)
[321] Gasser, Erfahrungsbericht eines 46 jährigen Rechtsanwalts (nicht veröffentlicht)
[322] Gasser, Erfahrungsbericht eines 46 jährigen Rechtsanwalts (nicht veröffentlicht)

Gemeinschaft so tragend und stärkend empfunden, wie an diesen Wochenenden."[323]

6.3.3. Selbstversuch: Magier-Seminar vom 11.-13.9.15

Zehn Tage vor dem Seminar teile ich Stefan Gasser mit, worum es für mich im Magier-Seminar gehen soll: Herbst und Winter sind für mich die Zeit, wo mich gelegentlich depressive Stimmungen befallen. Deshalb wünsche ich mir Sonnenlicht in die Tage der dunkleren Jahreszeit. Ich möchte mich mit dem Magier beschäftigen, um einen besseren Zugang zu meiner Intuition zu finden. Das dreitägige Seminar von Freitagabend bis Sonntagmittag findet auf dem Hirschenhof auf dem Walchwilerberg statt. Nach dem Abendessen beginnt das eigentliche Seminar. Mit verbundenen Augen tasten wir uns einem Zaun entlang zum „Ritualplatz". Hier befindet sich das Skelett der Schwitzhütte; dieses ist von Kerzen umgeben. Stefan Gasser leitet das Seminar zusammen mit den Mentoren Stephan, Johannes und Beat. Einer von ihnen entfacht das Feuer. Darin verbrennen wir ein Kleidungsstück, das wir mitgebracht haben. Ich verbrenne das T-Shirt, welches ich auf meiner Amerikareise getragen habe. Diese Reise hat mir geholfen, Distanz zu gewinnen von meiner letzten beruflichen Etappe. Von dieser möchte ich mich nun verabschieden. Ich werfe das T-Shirt ins Feuer, und die Männer singen für mich ein Lied.
Am Samstag ist Schwitzhüttentag. Wir wärmen uns mit Körperübungen auf. Darauf bedecken wir das Schwitzhütten-Skelett mit Wolldecken und schichten Holz für unser Feuer auf. Zwischen die Holzstücke legen wir Steine, welche unsere männlichen Ahnen symbolisieren. Bevor jeder Teilnehmer seinen Stein auf die Holzbeige legt, formuliert er seine Absicht, mit welcher er das Schwitzhüttenritual begehen möchte. Diese lautet bei mir: „Ich darf bei meiner künftigen Berufstätigkeit

---

[323] Gasser, Erfahrungsbericht eines 46 jährigen Rechtsanwalts (nicht veröffentlicht)

Freude erleben." Ich strebe nicht mehr primär nach Erfolg, sondern möchte, dass mir meine Tätigkeit vor allem Spass macht.

Am Samstagnachmittag setzen wir uns in einer Partnerarbeit mit dem auseinander, was uns in unserem Leben einengt. Mir fällt meine Erfolgsgetriebenheit, die manchmal auf Kosten meiner Lebensfreude geht, ein. In einem Ritual befreie ich mich inmitten der Männergruppe von meinen „Fesseln". Das Seminar ist der Thematik des Magiers – was auf einen der vier Archetypen des Mannseins Bezug nimmt – gewidmet; es geht um den Zugang zur Kraft der Intuition. Das Schwitzhütten-Ritual möchte ein Stück Heilung bewirken. Bevor das Feuer entzündet wird, wird es gesegnet. In der Schwitzhütte erinnert sich jeder seiner Ahnen und dankt ihnen für den Samen, mit welchem sie unser Leben ermöglicht haben. Dann spricht jeder aus, warum er sich entschieden hat, das Schwitzhüttenritual zu absolvieren. Noch bevor die zwei letzten Runden des Rituals zu Ende sind, wird es mir in der Schwitzhütte zu heiss. Darum verlasse ich diese vorzeitig. Das gehört auch dazu, für sich selber Verantwortung zu übernehmen. Am Sonntagmorgen geben wir einander daran Anteil, was jeder von uns in der Schwitzhütte erlebt hat. Ich gehe mit Zuversicht und Leichtigkeit in meinen nächsten Berufsabschnitt.

6.3.4. Fazit

Gleich wie die Visionssuche in der Tradition von Foster und Little und die MROP lebt das Intensivseminar von Stefan Gasser vom gemeinsamen Erleben der Natur und der Gruppe. Die Zeit, die jeder mit sich selbst verbringt, ist kürzer bemessen als in den beiden anderen Angeboten, weil auch das Seminar kürzer ist. Eine besondere Stärke des Intensivseminars liegt in den wohlüberlegten und gekonnt inszenierten Ritualelementen. Das Schwitzhütten-Ritual verfolgt ein ähnliches Anliegen wie die MROP; es geht um Loslassen und Wandlung. Obwohl Gasser von der Ausbildung her Theologe ist, verzichtet er auf ein spezifisch christliches Wording, anders als Richard Rohr.

Auch wenn das Intensivseminar nicht als Initiationsritual deklariert wird, geht es der Sache nach um Initiation. Allerdings stellt sich die Frage, um welche Initiation genau: Initiation ins Mann-Sein, Christ-Sein oder Menschsein? Es scheint nicht in der Absicht Gassers zu liegen, das eine fein säuberlich vom andern zu trennen.

6.4. Weitere Ritualangebote der Kirchen Deutschlands

Betrachtet man die Websides der Evangelischen Kirche und der Katholischen Kirche in der Metropolregion Rhein-Neckar[324], des Männerreferats der Erzdiözese Freiburg i.Br.[325] und des Männerforums der Evangelisch-Lutherischen Kirche Norddeutschlands[326] wird deutlich, dass es noch weitere Angebote gibt, die Männer in ihrer Entwicklung unterstützen möchten. Der Übersicht halber liste ich diese im Folgenden auf:

Männergottesdienste; da bleibt allerdings die Frage offen, was einen Männergottesdienst von einem gender-mixed-Gottesdienst auszeichnet;

Angebote draussen in der Natur: Männerfeuer und eine spirituelle Nachtwanderung für Männer am Gründonnerstag; Pilgern.

Kontemplativer Angebote: „Ein Weg des Schweigens" zu den Stichwörtern Männer – Natur – Meditation; eine Männerreise unter dem Titel „zentriert und verbunden"; Fasten und Meditieren unter dem Motto „weniger ist mehr".

---

[324] http://www.maennerfruehling.de
[325] http://maennerreferat-freiburg.de
[326] http:// maennerforum.nordkirche.de

Angebote für Männer in Veränderungen: Ein Ritual am Übergang vom Jungen zum Mann für Jungen ab 13 mit ihren Vätern, Grossvätern, Paten und Mentoren; die Auszeit „Time-out statt burn-out" mit Christoph Walser; ein Seminar für Männer in Trennung und Scheidung.
Angebote aus anderen Traditionen und Kulturkreisen: Qi Gong - für Männer; ein Schwertseminar für Männer mit Hara- und Leibübungen.

„Männerrituale in Übergangssituationen": Die Studie geht vom spezifischen Übergang in der Lebensmitte aus, welcher von vielen als krisenhaft erlebt wird, und welchem von spirituellen Lehrern wie Johannes Tauler und Richard Rohr eine geradezu paradigmatische Bedeutung zugesprochen wird. Nun steht die Frage an, ob wir anhand von diesem für weitere Übergänge – zum Beispiel für die Pubertät, die Pensionierung oder den Umzug ins Altersheim - lernen können. Auch wenn jeder von diesen Übergängen einen ganz spezifisch Sitz im Leben eines Menschen hat, gibt es aus spiritueller Sicht wichtige Gemeinsamkeiten: Es geht um Vertiefung im Christ-, Mann- und Menschsein. Es geht um die Ermöglichung der Gottesgeburt im Menschen (vgl. 4.3.4.), welche allerdings nicht ohne Verunsicherung und Orientierungslosigkeit zu haben ist. Insofern scheinen die für solche Übergangsprozesse gesteckten Ziele (vgl. 5.2.) – das Scheitern begleiten, die Prozesse lebendig halten, vor dem Burn-out bewahren und mit sich und der ganzen Schöpfung verbunden sein – wirklich verallgemeinerbar zu sein, trotz der grundsätzlichen Diskontinuität zwischen der ersten und der zweiten Lebenshälfte (vgl. 4.3.5.).
Bei jedem dieser Übergänge geht es um Initiation und zwar in der elementaren Bedeutung von „anfangen". Was fängt denn in diesen Übergängen genau an: das Mannsein, das Menschsein oder das Christsein? – Eine der Überzeugungen, die sich im Verlauf dieser Studie gefestigt hat, ist die, dass das eine nicht ohne das andere zu haben ist; zumindest falls einem an allen drei Dimensionen liegt. Man muss zwar nicht Christ werden, wenn man als Jude, Moslem oder Agnostiker leben möchte. Aber unter der Voraussetzung, dass man sich als

Christ weiterentwickeln möchte, geht die Mann- und Mensch-Werdung Hand in Hand mit der Christ-Werdung; ganz nach dem Konzept der Geisttaufe des Methodisten John William Fletcher, bei welcher es um das Anfangen im „Durchbruch zur völligen Heiligung (entire santification)"[327] geht. Ob einer als Kind oder Jugendlicher getauft wird, irgendwann gerät der Glauben in eine existentielle Krise. Wer sich darauf einlässt, ohne das Kreuz auszublenden, wird darin wachsen. Genauso geht es dem Mann, der sich auf sein Mannsein einlässt: Er begegnet der Wirklichkeit von deren Innenseite her. „Einen Mann ohne Zugang zu seiner weiblichen Seele kann man leicht beschreiben. Seine Persönlichkeit wendet sich der äusseren Welt der Dinge zu und sein Kopf ist der Kontrollturm. Er baut, erklärt, gebraucht, repariert, erlässt Gesetze, ordnet und spielt mit allem, womit er gerade zu tun hat, aber er kann es nicht wirklich begreifen, denn er hat keine Ahnung von der Innenseite der Dinge. Feingefühl, Imagination und die Fähigkeit zur Versöhnung sind ihm so fremd wie das Leben mit Paradox und Geheimnis."[328] In die Tiefe des Mannseins vorzudringen, bedeutet für den Mann, auch mit seinen weiblichen Seelenanteilen in Kontakt zu kommen. Wer diesen Weg als Christ geht, kann darauf vertrauen, dass Gott ihn auf diesem Weg begleitet: „Der wahre männliche Weg ist eine riskante Reise, bei der man sich nur noch auf Gott verlassen kann, nicht mehr auf den eigenen Wert oder das eigene Rechthaben. Es ist ein Weg draussen, im Freien, er führt hinaus in eine Welt voller Risiken und Unsicherheiten, in der das Scheitern unausweichlich scheint. ... Immer führt die Reise durch die Natur (den Ort, wo man selbst nicht mehr die Zügel in der Hand hat) und immer führt die Reise wieder zurück ins Zuhause, das der Held nun zum ersten Mal wirklich kennen lernt. Viele Männer ziehen es

---

[327] Peng 133
[328] Rohr, Vom wilden Mann zum Weisen Mann, 20

jedoch vor, sicher zu Hause zu bleiben in der Welt der Ideen und Meinungen, in der Welt der Rollenspiele, wo Ansehen und Status zählen."[329] So wie Rohr hier Initiation als Anfangserfahrung beschreibt, die der Vertiefung und Festigung (Firmung) bedarf, sind wir überzeugt, dass ein Mann nie wirklich bei sich zu Hause sein wird, wenn er nicht durch Krisen hindurch zu intensiverem Leben gefunden hat. So wie die christliche Nachfolge ein lebenslanger Prozess ist, der in der Taufe anfängt, so ereignet sich die Mann-Werdung nicht einmal für immer am Übergang vom Jungen zum Erwachsenen, sondern in jedem Moment, wo es einem Mann gelingt, mehr Mann zu werden, oder besser, mehr Mensch zu werden, weil auch zum Mann-Sein weibliche und männliche Seelenanteile gehören. Aus pastoraltheologischer Sicht gilt es nun zu fragen, was Kirche und Glaubensgemeinschaft zur Stärkung dieses Prozesses beitragen können.

7.1. Genderspezifisch versus gemischt geschlechtlich?

Nach Kohelet 3,1 kann man sagen: Alles hat seine Zeit. Es gibt eine Zeit für Koedukation und eine Zeit für genderspezifische Edukation. Das angestrebte Ziel aller Entwicklung ist ein gelungenes Miteinander der beiden Geschlechter. Auf dem Weg dahin, können aber genderspezifische und gemischt geschlechtliche Konzepte genauso wichtig sein. Natürlich kann man sich fragen, wie weit Genderkonzepte heute überhaupt noch tragen, wo für immer mehr Menschen eine Identifikation mit einem einzigen Geschlecht schwierig zu sein scheint. Bis die Phänomene von Inter- und Transsexualität aber weiter geklärt sind, schlage ich gleichwohl vor, davon auszugehen, dass der Mann im Wesentlichen unter Männern zu seiner Männlichkeit findet. Die feministische Theologie hat Frauen in ihrem

---

[329] Rohr, Vom wilden Mann zum Weisen Mann, 14

Frausein inspiriert. Würden wir Männer von dieser geschlechtsspezifischen Perspektive nicht ebenso profitieren, wäre dies schade. „Erst die Suche unserer Schwestern nach ihrer feministischen Stimme hat die Männer darauf aufmerksam gemacht, dass es auch eine authentische Männlichkeit geben muss."[330] Diese in Männergruppen zu pflegen, hat sich in vielen Gemeinden bewährt. Es hat sogar dazu beigetragen, dass Männergruppen zu den lebendigsten Zellen von Gemeinden geworden sind. Einer der wichtigsten Gründe für den Erfolg von Männergruppen dürfte darin liegen, dass Männer unter sich auf Hahnenkämpfe und Imponiergehabe verzichten.
Für Männer-spezifische Arbeit ist aber auf die Zukunft hin wichtig, dass Mann nicht einfach Mann bedeutet, sondern deren unterschiedliche sexuelle Orientierung mitbedacht sein will. So müsste es neben Hetero-Gruppen auch homosexuelle Gruppen im Gemeindealltag geben.

7.2. Braucht jede Altersgruppe ihr eigenes Initiationsprojekt?

Es ist am Anfang schwierig zu verstehen, dass Initiation ein ganzes Leben lang dauert. Früher ging man in traditionalen Gesellschaften automatisch davon aus, dass junge Männer nach der Pubertät ins Mann-Sein eingeführt sind, so wie Christen nach erfolgter Taufe und Firmung so weit sind. Viele initiierte Männer bedauern es zwar, dass sie 50 Jahre alt werden mussten, um sich mit ihrem Mann-Sein anzufreunden, gleichwohl interessieren sich Männer unter vierzig selten für Initiation; nehmen jüngere Männer aber an Übergangsritualen teil, wird dies von älteren Männern sehr begrüsst. Vielleicht hilft die Analogie von Wasser- und Geisttaufe bzw. die Rede von erster und zweiter Umkehr, das Phänomen besser zu verstehen: Der Christ muss nach Tauler die Bedrängnis des Sommers

---

[330] Rohr, Vom wilden Mann zum Weisen Mann, 18

(der Lebensmitte) zuerst erfahren, bevor er sich in seiner Berufung zum Christen weiterentwickeln kann. So muss auch der Mann in seiner Rolle vermutlich zuerst verunsichert werden, bevor er darin wächst. Während sich 30- bis 60-Jährige problemlos gemeinsam auf den Weg der Mann-Werdung begeben können, ist es aber sinnvoll, eigene Gefässe für Jugendliche anzubieten, wie dies in der Schweiz der Jugendarbeiter Philippe Häni[331] tut.

7.3. Christliche oder aus anderen Traditionen inkulturierte Rituale?

Hermann Schäfer, der zugibt, dass es in der christlichen Tradition Wissen über Transformationsprozesse und starke Rituale gibt, scheint mir ein unverdächtiger Zeuge zu sein. Während es Richard Rohr meisterlich versteht, uns zu diesem oft verschütteten Wissen unserer eigenen Tradition Zugang zu verschaffen, fühlt sich der grössere Teil der Ritualbegleiter in der Sprache und Praxis früherer Naturvölker mehr zu Hause. Die Frage ist berechtigt: Macht es Sinn, wenn sich gläubige Christen in Übergangssituationen auf schamanische Workshops einlassen? Darauf antworte ich mit einer Gegenfrage: Was kann denn christliche Pastoral anderes wollen, als zu einem Leben in Fülle zu ermutigen? Insofern scheint mir jedes Verfahren für Menschen in Umbruchsituationen geeignet, welches diese mit Sorgfalt, Einfühlungsvermögen und Respekt begleitet.
Abgesehen davon halte ich es jedoch für lohnenswert, zu überlegen, wie spezifisch christliche Anliegen – Trost und Stärkung (Segnung), Vergebung und Trauerverarbeitung – in die Begleitung von Menschen in Übergangssituationen einfliessen können. Richard Rohr bietet uns dafür derzeit den Massstab einer best practice: Rituale sollten einen Erfahrungsraum schaffen,

---

331 Vgl. Häni, Look at the wild side, 34

„um innezuhalten, den Sinn des Lebens zu erforschen und mit Hilfe von Symbolen Verhaltensmuster zu verändern."[332] Da gehören die Kernanliegen christlicher Spiritualität und die Sakramente zentral dazu.

Auch die Kombination christlicher Sakramente mit geeigneten Ritualen sollte in Betracht gezogen werden. „Die Frage stellt sich hier, ob beispielsweise die Konfirmation mit einem Initiationsritual wie der Visionssuche verbunden werden könnte oder sollte. Denn gerade durch eine solche Verbindung wäre es der Gemeinschaft möglich, ihre wichtige Rolle als Verantwortungssystem wahrzunehmen."[333] Hier sollte auch noch auf die transreligiöse Bedeutung von Ritualen hingewiesen werden: „Ich bin überzeugt, dass Jugendliche wie Erwachsene Initiations- und Übergangsrituale für ihre persönliche Entfaltung brauchen und eine pluralistische Gesellschaft für das friedliche Zusammenleben transreligiöser Angebote bedarf."[334]

7.4. Übergangsrituale als spirituelles oder diakonisches Projekt?

Bezeichnend ist für die heutige Zeit, dass Diakonie automatisch mit Welt, und Spiritualität mit Geist in Verbindung gebracht wird. Bei der Diakonie geht es nach allgemeinem Verständnis um Weltgestaltung, bei Spiritualität um die Pflege des persönlichen Seelengartens. Dabei handelt es sich nach meinem Dafürhalten um zwei Seiten derselben Medaille: Während Spiritualität die Haltung ausdrückt, in welcher christliches Engagement verortet sein sollte, macht Diakonie den Geist dieses Engagements deutlich: Es soll Dienst im Sinn des Dreiklangs „Gerechtigkeit, Frieden und Bewahrung der Schöpfung" sein.

---

[332] Imber-Black Roberts in Häni, Look at the wild side, 34
[333] Häni, Look at the wilde side, 67
[334] Häni, Look at the wild side,7

Spiritualität wurde im Rahmen dieser Untersuchung als umfassende Sinnfindung beschrieben, welche Verbundenheit mit sich und der ganzen Schöpfung meint (vgl. 5.2.4.). Für eine fruchtbare Spiritualität dürfte es von Vorteil sein, wenn diese eine offene Haltung gegenüber der ganzen Schöpfung einnimmt. Daraus resultiert eine Diakonie, die für die politische Dimension offen ist. So sagt Gisler Fischer meiner Ansicht nach richtig: „Für mich liegt jedoch der Auftrag der Kirche nicht nur darin, bei Sinn- und Lebensfragen präsent zu sein. Es sollte ihr auch um grundsätzliche Fragen von Verteilungsgerechtigkeit hier wie in einer weltweiten Perspektive gehen. ... Auch gerade Männer auf diese Zusammenhänge hinzuweisen gehörte für mich zu einer authentischen Begleitung."[335] Damit ist Seelsorge genannt, welche mit Spiritualität häufig in Verbindung gebracht wird. Seelsorge ist aber eben nicht per se diakonisch, sondern nur in dem Mass als sie offen ist für Barmherzigkeit und Gerechtigkeit. „Unter Barmherzigkeit (lat. Misericordia) wird die Fähigkeit verstanden, sich von der Not leidender Menschen ansprechen zu lassen. Von dieser Not berührt, bemüht sich caritative Diakonie diesen Menschen zu helfen. ... Gerechtigkeit spricht dem gegenüber eher die strukturelle und politische Ebene an und sieht Not weniger im individuellen Schicksal, denn als Folge gesellschaftlicher Ungerechtigkeiten. Diese gilt es dann mit politischen Mitteln zu bekämpfen."[336] Umgekehrt ist auch Diakonie nicht in jedem Fall spirituell, sondern nur soweit sie letztlich in der angedeuteten umfassenden Bezogenheit gründet.

So liegt die entscheidende Frage also nicht darin, ob man ein Übergangsritual als spirituelles oder diakonisches Projekt betrachtet. Im Idealfall liegt in diesem Potential, um eine Brücke zwischen den beiden zu schlagen. Auf das diakonische Poten-

---

[335] Gisler Fischer in reformierte presse 28/29.2015
[336] Wiederkehr, Die Pfarrei als Raum diakonischen Wirkens, 172f

tial weist Häni ausdrücklich hin: „Ein Übergangsritual wie die
Visionssuche kann aber auch im diakonischen Bereich auf
sinnvolle Weise umgesetzt werden."[337] Ein Übergangsritual hat
dann eine Wirkung in Richtung Barmherzigkeit oder Gerechtigkeit, wenn es für Jugendliche beispielsweise eine konstruk-
tive Alternative zu gefährlichen Trendsportarten, Rauschgift-
Konsum und Selbsttötung darstellt. Eine Visionssuche bringt
Männer automatisch in Kontakt mit den eigenen Aggressionen
und Ängsten. Das hat Konsequenzen auf das gesellschaftliche
Umfeld. Richtig eingesetzt sind Übergangsrituale spirituell
und diakonisch.

---

[337] Häni, Look at the wild side, 72

Am 12. April 2015 habe ich in Dietikon meinen Abschiedsgottesdienst zu Sigfried Köders Bild von Elija am Bach Kerit (vgl. 1 Kön 17, 1-10) gefeiert. Elija diente mir als Leitfigur für eine Reise quer durch Amerika, mit welcher ich den Übergang nach meiner Scheidung sowie meine berufliche Veränderung gestalten wollte.

Abb. 4/5: Elija von Sieger Köder[338]   **Seitenaltar in „Christ in the desert"**[339]

Noch ahnte ich damals nicht, dass ich Elija weit weg von zu Hause in der Klosterkirche „Christ in the desert" in New Mexico wieder begegnen würde. Im Gebet und der Gastfreundschaft der Benediktiner erlebte ich dort Stärkung an Leib und

---

[338] Widmann, 47
[339] Photo von Daniel Wiederkehr

Seele. Zusammen mit der Visionssuche im Grunigelgebiet und dem Schwitzhüttenritual ob dem Zugersee erlebte ich so 2015 selber ein Stück Initiation, im Sinne von Wachstum als Christ, Mann und Mensch. Ich habe auch eine Vision gefunden, zwar nicht eine so spektakuläre, wie ich mir diese zuvor gedacht habe, dafür glasklar in ihrer Grundaussage: In der zweiten Lebenshälfte soll es in meinem Beruf nicht mehr primär um Leistung sondern um Freude gehen. Gott möchte ich dafür danken, dass er mich in meinem bisherigen Leben an den Übergängen bewahrt hat.

9.   Literaturverzeichnis

Ajnwojner Susi (Hsg.), Raskin Shlomo. Viel habe ich von meinen Lehrern gelernt und noch mehr von meinen Schülern, Basel 1997

Anbieter und Anbieterinnen von Visionssuchen, Seminaren und Ausbildungen, http://www.visionssuche.net/die-visionssuche (12.10.15)

Anonyme Alkoholiker Deutschlands, Die 12 Schritte, in www.anonyme-alkoholiker.de (10.8.15)

Arnold Patrick M., Männliche Spiritualität. Der Weg zur Stärke, München 1994

Boulad Henri, Mystische Erfahrung und soziales Engagement, Salzburg und Wien 1997

Buss Christian, Die 40-Jährigen: „Sklaven der Work-Life-Balance" in Spiegel online Kultur vom 6.10.2014 http://www.spiegel.de/kultur/gesellschaft/gesellschaft-der-angst-heinz-bude-ueber-die-40-jaehrigen-a-994694.html (29.11.15)

Erikson Erik H., Identität und Lebenszyklus, Frankfurt am Main 1973

Eschwege-Institut Neuerode in http://www.eschwege-institut.de/seminarinformationen.html#VierSchilde (12.10.15)

Evangelische Kirche und Katholische Kirche in der Metropolregion Rhein-Neckar, in http://www.maennerfruehling.de (29.11.15)

Filipp Sigrun-Heide, Aymanns Peter, Kritische Lebensereignisse und Lebenskrisen. Vom Umgang mit den Schattenseiten des Lebens, Stuttgart 2010

Gasser-Kehl Stefan, "Wann ist ein Mann ein Mann?" Bubenarbeit in der Kirche: Initiation in ein ‚neues' Mannsein, unveröffentlichte Lizentiatsarbeit Fribourg 1997

Gasser-Kehl Stefan, in http://www.maennerinitiation.ch/typo/index.php?id=8 (27.11.15)

Gasser-Kehl Stefan, Erfahrungsbericht eines 50 jährigen Wellnesstrainers und Masseurs (nicht veröffentlicht)

Gasser-Kehl Stefan, Erfahrungsbericht eines 46 jährigen Rechtsanwalts (nicht veröffentlicht)

Gisler Fischer Esther, Geschlechterrollen im Wanken. Zu: Der „gute Hirte" heisst heute ‚Coach' in reformierte presse, 28/29, 2015

Grün Anselm, Lebensmitte als geistliche Aufgabe. Münsterschwarzach 2014 (19. Auflage)

Häni Philippe, Look at the wild side. Rituale, Sinn- und Visionssuche in der Natur, Bern 2009

Harner Michael, Der Weg des Schamanen. Das praktische Grundlagenwerk zum Schamanismus, München 2013 (2. Auflage)

Hesse David und Brandt Hans, „Burn-out ist nicht nur eine Mode" in TA vom 11.7.15, S. 35

Ingerman Sandra, Wesselman Hank, Der schamanische Weg in die Tiefe der Seele, München 2013 (2. Auflage)

Kast Verena, Trauern. Phasen und Chancen des psychischen Prozesses. Stuttgart, 2008

Kuratle David, Morgenthaler Christoph, Männerseelsorge. Impulse für eine gendersensible Beratungspraxis, Stuttgart 2015

Leimbach Bjorn Thorsten, Männlichkeit leben. Die Stärkung des Maskulinen, Hamburg 2014 (8. Auflage)

Lenz Pedro, Demut in Das Magazin 39/2015, 33

Männerforums der Evangelisch-Lutherischen Kirche Norddeutschlands, in http://maennerforum.nordkirche.de (28.11.15)

Männerreferats der Erzdiözese Freiburg i.Br., in www.maennerreferat-freiburg.de (28.11.15)

Männerspiritualität in Texas; http://texasmalespirituality.org/mens-rites-of-passage (17.10.15)

Men als learners and elders: Bewerbungsbogen für die MÄN-
NER-INITIATION vom 25. bis 29. Mai 2016 bei Wels / Oberösterreich in
http://www.mannsein.at/site/home/home?SWS=4ce157924a
f7bd5d04468bfb81512625 (16.10.15)

Noth Isabelle, Morgenthaler Christoph, Greider Kathleen J.,
Pastoralpsychologie und Religionspsychologie im Dialog,
Stuttgart 2011

Peng-Keller Simon, Einführung in die Theologie der Spiritualität, Darmstadt 2010

Perrig-Chiello Pasqualina, In der Lebensmitte – Die Entdeckung des mittleren Lebensalters, Zürich 2007

Perrig-Chiello Pasqualina, Höpflinger Francois, Jenseits des
Zenits. Frauen und Männer in der zweiten Lebenshälfte, Bern
2004 (2. Auflage)

Rohr Richard, Der wilde Mann. Geistliche Reden zur Männerbefreiung, München 1988 (9. Auflage)

Rohr Richard, Endlich Mann werden. Die Wiederentdeckung
der Initiation, München 2005

Rohr Richard, Vom wilden Mann zum weisen Mann, München
2009 (2. Auflage)

Rohr Richard, Reifes Leben. Eine spirituelle Reise, Frei-
burg/Basel/Wien 2013 (2. Auflage)

Shambhala Wilderness Schule, in
http://www.wilderness.at/seminare/spiegeln-mirroring/
(14.10.15)

Schäfer Reinhold Hermann, Männer Quest: Die Reise ins Herz des Mannes, Uhlstädt-Kirchhasel 2004 (2. Auflage)

Schreiber Hermann, Wenn der Rest des Lebens beginnt, in Welt am Sonntag vom 20.2.2005

Schröter Peter A., Charles Meyer, Die Kraft der männlichen Sexualität. Lebensbilder für Männer, München/Zürich 2014 (2. Auflage)

Schröter Jürgen, Buchbesprechung Anne Wilson Schaef: Co-Abhängigkeit in http://buch-blog.info/anne-wilson-schaef-co-abhangigkeit/ (30.11.15)

Stricker Bernhard, Mensch Mann. Männergruppen im Aufwind, Kempten 2012

Storl Wolf-Dieter, Grosser Dirk, Schamanentum. Die Wurzeln unserer Spiritualität, Freiburg i. Br., 2015 (6. Auflage)

Sudahl Michael, „Männer im Wald" – von wegen in unrasiert: Das Männerkulturmagazin http://unrasiert-magazin.de/maenner-im-wald-von-wegen/ (10.8.2015)

The School of Lost Borders auf http://schooloflostborders.org/term/school (13.10.15)

Thiele Andreas, Männer, Maskulinität und psychische Adaption im Kontext körperlicher Altersveränderungen, in Perrig-Chiello Pasqualina, Höpflinger Francois, Jenseits des Zenits. Frauen und Männer in der zweiten Lebenshälfte, Bern 2004 (2. Auflage)

Van Gennep Arnold, Übergangsriten, Frankfurt a.M. 1986

Van Kampenhout Dan, Die Heilung kommt von ausserhalb. Schamanismus und Familien-Stellen, Heidelberg 2014 (4. Auflage)

Von der Linde Inés, Männer in der Lebensmitte – Gesundheitsverhalten und berufliche Anforderungsbewältigung: Empirische Untersuchungen, 2007

Von Hollander Walther, Der Mensch über vierzig. Neuer Lebensstil im neuen Lebensalter, Berlin 1938

Walser Christoph, Nicht nur das Auto warten, in Der Landbote vom 15.4.2015

Walser Christoph, Kraftvoll im Time-out. Erholungskompetenz für Männer, in Prävention und Gesundheit 37/2015

Widmann Gertrud (Hrsg.) Die Bilder der Bibel von Sieger Köder, Ostfildern 1996 (2. Auflage)

Wikipedia, https://de.wikipedia.org/wiki/Visionssuche (13.10.15); https://de.wikipedia.org/wiki/Black_Elk (14.10.15)

Wiederkehr Daniel, Die Pfarrei als Raum diakonischen Wirkens. Eine empirische Untersuchung zu den Möglichkeiten und Grenzen der Pfarreidiakonie im Kanton Zürich, Fribourg 2008

Zeier Hans, Männer über fünfzig. Körperliche Veränderungen – Chancen für die zweite Lebenshälfte, Bern, Göttingen, Toronto, Seattle 2002 (2. Auflage)

Zuther Svenja, Schamanische Rituale. Naturheilkräfte aktivieren, München 2015

10.1. Interview mit Markus Ehrat am 28.8.2015

Markus Ehrat ist Theologe VDM, Psychologe FG POP, Männerberater.

1. Was verstehen Sie unter Ritualen?

Die Komponente, welche das Ritual aus unserer Gewohnheit und unserer Gewöhnlichkeit heraushebt, ist die Intention, die Absicht, die Entscheidung, die Frage oder das Anliegen, welche wir einbringen. Das Ritual öffnet uns der schöpferischen Intelligenz, der Lebenskraft, der Liebe, der Wahrheit. Ein Ritual ist nicht ein Irrgarten von Zufälligkeiten und nimmt kollektive Themen auf. Es folgt einem vorgegebenen Weg und führt in ein Geschehnis, wo der Wille des einzelnen im Dienst eines grösseren Ganzen steht, nennen wir dieses Selbst, Seele, Natur.

2. Welche Rituale helfen Menschen in Übergangssituationen?

Männer die ich begleite sind auf dem Weg in die zweite Lebenshälfte. In dieser Veränderung braucht es Gemeinschaft, echten, brüderlichen Kontakt mit anderen Männern. Der Mann wünscht sich das anerkennende Gespiegelt-Werden durch seinen Mitbruder. Die Rituale schaffen einen Ort der Geborgenheit. Im Austausch am Feuer der Achtsamkeit wird männliche und väterliche Energie spürbar. Dadurch kann eine Verbundenheit, eine neue Tiefendimension erlebt werden. Wesentlicher Teil dabei ist die ganzheitliche Bejahung, auch der männlichen Sexualität als Segens- und Schöpferkraft, die sinnliche Liebesbeziehung zu sich selbst, das zärtliche Feuer im Herzen. Es geht darum, die Weisheit des eigenen Lebensprozesses zu erkunden, sich in einer Tiefendimension verbunden zu fühlen, jenseits von Scheitern und Erfolg.

Ich biete Oasentage, Männergruppen und Auszeiten in der freien Natur. Diese Gemeinschaft eröffnet ein Grundvertrauen, aus dem heraus die männlichen und religiösen Konventionen verlassen werden können, welche sich erübrigen oder welche hinderlich sind für die persönliche und damit auch spirituelle Entwicklung. Dies löst Ängste aus, lässt manchmal schmerzliche Erfahrungen der Verlassenheit aufflammen. Dieser Weg von Trennung und Erwachen, Tod und Auferstehung führt zudem meist in ein unbekanntes, brachliegendes Land der zärtlichen Begegnung, des Vertrauens. Ganz besonders geht es in den Ritualen um diese in uns innewohnende Liebesbeziehung. Die Rituale sowie die kreativ–rituelle Prozessgestaltung ermöglichen und schulen die Achtsamkeit in der Begegnung mit sich und dem Gegenüber. Achtsamkeit schult die Sinne, die Umgebung und die eigene Reaktion darauf wahrzunehmen. Je stärker sich die Wahrnehmung verfeinert, desto feiner präsentieren sich die wahrgenommenen Einzelheiten. Sinn und Vertrauen werden offenbar.

Hilfreiche Elemente in diesen Ritualen sind Aufstellungsarbeit, Herzensgebet, Lobgesang und Feuerrituale. Diese Auszeiten finden in der Natur statt und haben ihren Fokus in der Begegnung von Mann zu Mann. Die brüderliche Umarmung des Schmerzes und der Freude führt zu Mitgefühl und Ekstase.

In den Gruppenprozessen kommen auch kollektive Themen auf im Spannungsfeld von Brudermord zur Bruderliebe.

3. Viele praktizierte Rituale stammen aus dem Schamanismus. Wie leicht können diese in die christliche Spiritualität integriert werden?

Das geht problemlos. Schamanismus ist ein ethologischer Begriff. Unabhängig davon geht es um das Zusammenspiel verschiedener Wahrnehmungs- und Erfahrungsebenen, um Zusammenarbeit als Heiler mit Geistwesen, um die Ehre der Ahnen mit ihrem Wissen. Auch das Christentum ist voller Erfahrungen, die als schamanisch bezeichnet werden können. So zum Beispiel Segnen und Handauflegen, der Heiligen- und Ahnenkult, der Kampf mit guten und bösen Mächten, das Reden in Zungen. Auch Paulus könnte man mit der schamanischen Brille lesen. Er hat das Leben in all seinen Tiefen erlebt, so wenn er von den verschiedenen Himmeln und der Unterscheidung der Geister spricht. Auch die Psalmen kann man so lesen: Eine Adler ist dann nicht mehr nur ein Vogel, sondern ein Geistwesen, ein Bruder oder eine Schwester, wie es Franz von Assisi sagen würde.

4. Was sind die Vor- und Nachteile einer genderspezifischen Arbeitsweise?

Der Vorteil: Der Mann hat ein Gegenüber, ebenfalls ein Mann. In der Männergruppe kann der Teilnehmer eine Vielfalt von Männlichkeit erfahren und so seinen eigenen Erfahrungshorizont und Verhaltensrepertoire ausweiten. Er lernt durch die Anteilnahme eines anderen, dessen Verständnis und Mitgefühl, sich selber nah zu sein und sich und den Nachbarn zu lieben. Er kommt sich näher, weil ein anderer ihm näher kommt.

Ich sehe keine Nachteile.

Reinhold Hermann Schäfer ist im Bereich Männer-Initiation, Naturseminare und Spezialcoaching tätig.

1. Was verstehen Sie unter Ritualen?

Ich verstehe unter Ritual – in Abgrenzung zum Zeremoniell – ein Naturritual, das in der Natur stattfindet, und indem meistens auch Naturmaterialien (Steine, Pflanzen, symbolische Sachen) verwendet werden. Ein Ritual ist eine Handlung: Man tritt über eine Schwelle, oder in einen Kreis und „handelt" darin unter der Zeugenschaft der Natur; vielleicht auch unter der Zeugenschaft von Menschen. Aber in meinen Wildnis-Ritualen ist man ganz für sich allein. Man bildet in diesem Kreis ein Thema ab, man „handelt" eben eine Situation. Man trennt zum Beispiel zwei Knoten, die miteinander verknotet sind, oder legt die beiden Knoten weiter auseinander. Der eine Knoten steht zum Beispiel für mich, der andere für meine Frau. Oder man verbrennt einen Zettel. Wir sind uns gewohnt, ein Thema – ein Beziehungs- oder Arbeitsthema – im Kopf durchzudenken. Etwas anderes ist es, wenn man es in einem wilden Raum durchlebt. Wichtig dafür ist eine gute Vorbereitung.

Eine kultische Handlung ist nicht mehr rückgängig zu machen. Wenn ich in einem Kreis etwas gemacht oder in einem grossen Quest-Ritual etwas erlebt habe, dann kann ich dem nicht mehr ausweichen. Durch rituelle Handlungen bilden sich Tatsachen. Ich hatte eine schöne Beziehung zu einer Frau. Sie begann aber Drogen zu nehmen, und ich spürte, dass ich eine freundschaftliche Beziehung brauchte, nicht unbedingt wilden Sex. Ich habe in der Natur dazu ein Ritual gemacht: Ich habe auf einen Zettel geschrieben, dass ich diese Beziehung beenden werde. Zurück in Deutschland schien sich die Beziehung mit der Frau fortzusetzen. Aber ich spürte, dass ich aufgrund des Rituals nicht mehr die Energie entwickeln konnte, um die Beziehung zu leben. Das Ritual zeigte seine Wirkung: es erlaubte mir, aus der Beziehung auszusteigen. In einem heiligen Raum, einem Schwellenraum wird ein Bild entwickelt, von dem eine verändernde Wirkung ausgeht.

Im weiteren arbeite ich durch monotonen Reizentzug, Fasten und Schwitzen. Diese Vorgänge unterstützen nicht das Ego-Konzept in mir, sondern lassen mich offen sein für eine tiefere Weisheit. So erfahre ich Neues über das Leben und merke, dass die materiellen Zusammenhänge nicht die einzigen sind. Meistens geht es um eine Erweiterung der Ich-Grenze. Ich werde in einen Raum geschickt, wo Körper und Geist miteinander verbunden sind.

2.   Welche Rituale helfen Menschen in der Midlife-Krise?

Männer, die zu mir kommen, haben ihre Themen: Das Testosteron und die Muskelspannung werden geringer. Sie haben ihr materielles Reich aufgebaut, merken aber, dass das dahinter liegende Konzept nicht mehr trägt. Männer, die sich für eine Quest interessieren, geben im Vorfeld dazu Auskunft, wie sie ihre Krise empfinden und welche Erwartungen und Hoffnungen sie mit einer Quest verbinden. Wichtig für eine effektive Quest ist, dass sie verstehen, wozu die Krise gut ist. Sie gehen dann in die Natur, und diese zeigt ihnen, dass es eine Lösung gibt und die Krise eigentlich eine Voraussetzung dafür ist, um sich spirituell neu zu orientieren oder tiefer ins Leben zu kommen. Bei einer Quest geht es immer darum, sich für etwas Grösseres zu öffnen, sich mit anderen Männern zu verbinden und zu merken, dass auch andere eine Krise haben. In der Wildnis, möglichst weit weg von Zentraleuropa, wo die umgebende Struktur nicht da ist, in der sie sich auskennen, wird ein Urinstinkt in ihnen geweckt.

Es gibt bestimmt auch andere Verfahren; vielleicht reicht ein intensiver Selbsterfahrungskreis, in dem Männer, die eine Krise hinter sich haben, von ihrer Erfahrung sprechen. Wie bei den Anonymen Alkoholikern erzählt man von sich und erfährt von der Gemeinschaft, dass man mit seinem Problem nicht alleine ist. Andere haben diese Krise schon durchgearbeitet und strahlen dies aus. Wenn ein Mann eine Ich-Störung hat, ist für ihn eine Quest, die das Ich-Konzept ein Stück weit auflöst, problematisch.

3. Viele praktizierte Rituale stammen aus dem Schamanismus. Wie leicht können diese in die christliche Spiritualität integriert werden?

Viele Rituale stammen aus den indianischen oder schamanischen Kulturen, ich würde sagen, aus Weisheitstraditionen. Auch Jesus ist 40 Tage in die Wüste gegangen, um zu fasten, und im Sufismus gibt es Trance- oder Ekstase-Tänze, die das Ziel haben, das Ich zurückzulassen und sich einer grösseren Einheit hinzugeben.

Aus meiner Sicht lassen sich diese Rituale relativ leicht mit dem Christentum verbinden, wenn Sie mit Christentum nicht eine blutleere Lehre meinen. Die Christusfigur bietet sich nach wie vor hervorragend als Prototyp eines Mannes in der Krise an, der sich hingibt, die Krise durchleidet und daraus wieder aufsteht. Ein anderes Beispiel ist Franz von Assisi, der mit Tieren und Pflanzen im Gespräch gewesen ist. Ich habe vor allem einen Bezug zu den Mystikern, wie zum Beispiel Hildegard von Bingen mit ihrer Grünkraft. Ich vermute, dass die Krone oder der Dornenkranz von Christus auch aus dem Schamanischen stammt. Der Schamane erlebt nämlich genau wie Christus Tod und Auferstehung. Das Zentrale des Christentums ist doch Hingabe, Tod und Auferstehung.

Wenn die Kirche etwa die Taufe körperlich nachvollziehbar macht, indem der Täufling wirklich untergetaucht wird, im Wasser einen Untergang und Neu-geboren-Werden erlebt, ist das ein starkes Ritual. Es bleibt anzumerken, dass die Vorbereitung immer das allerwichtigste ist, ebenso die Körperlichkeit und Emotionalität des Erlebnisses. Die Menschen, die dabei sind, sollten ausstrahlen, dass sie durch die Taufe wirklich etwas erfahren haben. Die Leiter des Rituals müssen die leibliche Verbindung mit dem Göttlichen zum Ausdruck bringen, wenn sie ein Ritual vollziehen. Das ist das Problem einer Priesterschaft, denn ein Theologiestudium garantiert nicht, dass die Menschen ins Leben initiiert worden sind. Wer den Menschen eine spirituelle Erfahrung erschliessen will, muss durch diese Erfahrung selber gegangen sein.

Das Ritual bildet auf einer heiligen Bühne ab, was das Leben ohnehin bereithält. Das Ritual sollte mit allen vergehenden und wiedergeborenen Sachen verbunden sein. Das Ritual bereitet manchmal auch auf Krisen vor. Manche Männer haben noch keine Krise gehabt im Zeitpunkt, wo sie ein Ritual erleben; sie haben später dann die Möglichkeit, sich daran zu erinnern.

Das Leben ist höchste Initiationsinstanz. Die christliche Spiritualität muss diese Ego-Hingabe beinhalten, weil diese uns mit dem grösseren Leben wieder verbindet.

4. Was sind die Vor- und Nachteile einer genderspezifischen Arbeitsweise?

Die Vorteile sind, dass die Männer sich tiefer gehend zeigen, weil sie sonst einen Reflex auf die Frau haben. Männer schildern ihre Krise anders, wenn Frauen dabei sind als wenn sie unter sich sind. Man sagt, wenn eine Frau einen Männerkreis betritt, dreht sich der Schalter um, ... und die Männer können ihre Gefühle nicht mehr so zeigen. Wenn Männer unter sich sind, zeigen sie ihre Gefühle – ausser sie haben traumatische

Erlebnisse mit ihrem eigenen Vater gemacht. Männer zeigen ihre Gefühle anders als Frauen; Frauen sind gefühlsintensiver, schneller und irgendwie dramatischer. Man sagt gelegentlich, Männer seien nicht so gefühlsvoll. Das Problem liegt aber darin, dass man deren Gefühlsausdruck miteinander vergleicht. Männer fühlen anders - das ist ein Grund, die Quest unter Männern anzubieten.

Ein Nachteil könnte sein, wenn Männer nach Hause kommen und zur Frau sagen: „In der Wüste haben mich alle verstanden, du verstehst mich nicht." Die Reaktion der Frauen ist dann häufig: „Also, mach etwas mit Männern, und ich mache etwas mit Frauen." Ein Nachteil könnte sich auch ergeben im Zusammenhang mit der Archetypen-Arbeit; ein Wort wie Krieger könnte falsch verstanden werden, so dass die Männer mit einem überzogenen Maskulinismus nach Hause kommen. Sie tragen dem zu wenig Rechnung, dass sie das Gelernte anders in den Alltag bringen sollten. Wären Frauen in der Quest dabei, wäre die Integration dieser Männerbilder in den Alltag vielleicht einfacher.

10.3. Interview mit Klaus Peill am 1.9.15

Klaus Peill arbeitet im Bereich Tantra, Männerseminare, Reiki, Familienstellen und Coaching

1.   Was verstehen Sie unter Ritualen?
Ein Ritual ist eine Zeit erhöhter Bewusstheit. Es hat einen festen Anfang, ein festes Ende und einen festen Ablauf. Damit bietet es einen Schutzraum, in welchem Dinge geschehen, die dem Alltag fern sind. Im Ritual wird ein heiliger Raum eröffnet, in dem neue Erfahrungen gemacht werden können. Auf ein Ritual bereitet man sich vor, und es wird gefeiert (zelebriert). Ich sehe eine Parallele zur Messe: Ein Gottesdienst ist ebenfalls ein Ritual mit festen Bestandteilen und einem klaren Anfang und Ende. Die Kirche ist ein heiliger Raum, ein

Tempel, welcher für das Ritual geschmückt wird. In dem ich mich auf das Geschehen einlasse, Kopf und Herz beruhige, kann ich den Alltag loslassen. Ich sehe noch eine Parallele: Im westlichen Neo-Tantra werden Räucherstäbchen abgebrannt, in der Kirche Weihrauch. Das Alltagsbewusstsein wird dadurch auf eine andere Ebene gehoben. Mit Hilfe von Gerüchen und einer Verlangsamung des Geschehens kann ich eine Art von Trancezustand herbeiführen, welcher den Weg auf eine andere Bewusstseinsebene öffnet. Ein Ritual verstärkt sich übrigens dadurch, dass ich es wiederhole.

2.　Welche Rituale helfen Menschen in der Midlife-Krise?

Es braucht Rituale, die den Menschen wieder an seine Kraftquelle anschliessen. Nach einem Prinzip der hawaiianischen Schamanen gilt: Alle Macht kommt von innen. Menschen in der Midlife-Krise haben den Kontakt zu dieser in ihnen wohnenden Kraft verloren. Sie bedürfen der Religio. Ich bin eben den Jakobsweg gegangen; nicht aus Tradition heraus, sondern um die Religio an meine Kraftquelle zu erneuern. Es braucht eine Anbindung an das Herkunftssystem. In der systemischen Arbeit spricht man von der Herkunftsfamilie; da sind Vater und Mutter ganz wichtig: Die Mutter schenkt das Leben, und der Vater gibt die Kraft dazu.

In der Midlife-Krise fragt man sich: Warum mache ich die ganze Scheisse?! Der Weg aus der Krise bedeutet ein Loslassen von Dingen, die belasten. Es geht darum, sich auf das, was wichtig ist, zu reduzieren. In der Midlife-Krise kommt auch Überforderung ans Tageslicht; deshalb braucht es eine Stärkung des Gefühls, gehalten zu sein. Ich praktiziere mit Männern Schwertkampf; da geht es um die inneren Aggressionen, die gelenkt und geleitet werden wollen. Leider hat das Wort Aggression in unserer Gesellschaft einen negativen Touch. Dabei ist diese die Kraft, die der Vater dem Jungen gibt, damit er im Leben bestehen kann. Wenn ich meine Lebenskraft verleugne, dann verleugne ich auch die Lebenskraft meines Vaters und schneide mich davon ab. Beim Schwertkampf geben wir dieser erneut einen Kanal. Es geht nicht darum, den andern mit dem Schwert zu verletzen. In der Konfrontation wächst die Energie.

Ich war selber in einer kleinen Krise und habe mich deshalb entschieden, den Jakobsweg zu gehen. Dieser war ein ganz wichtiger Einschnitt in meinem Leben, welcher mich zurückgeworfen hat auf mich selbst. Unterwegs habe ich entdeckt, dass es im Leben nicht viel braucht: Alles was ich brauche, kann ich auf meinem Rücken tragen. Pilgern ist ein Ritual, das in einer Lebenskrise sehr hilfreich ist. Es wird oft auch als Burn-out-Prävention angepriesen. Ich habe den 21. und den 40. Tag sehr eindrücklich erlebt. Wer das Pilgern als Ritual erleben will, sollte 21 oder 40 Tage gehen. Das Gehen wird im Schamanismus „medicine walk" (Heil-Weg) genannt. Es transportiert die Erfahrungen, die man während des Gehens macht, in den Körper.

3. Viele praktizierte Rituale stammen aus dem Schamanismus. Wie leicht können diese in die christliche Spiritualität integriert werden?

Mir fällt das sehr leicht. Die christlichen Mystiker, die Sufis sowie die Schamanen der indigenen Völker haben das Menschsein beobachtet, es erfahren und Methoden entwickelt, welche Menschen, die aus dem Heil gefallen sind, wieder heil werden lassen. Wir leben alle auf demselben Planeten, und das Menschsein funktioniert überall in etwa gleich. Die Methoden in den einzelnen Kulturen mögen unterschiedlich aussehen, aber überall tauchen vergleichbare Elemente auf; zum Beispiel die Langsamkeit. In einem Ritual geht es darum, die Geschwindigkeit meines Lebens runterzufahren. In der Schamanischen Tradition verlangsamen wir unseren Gang und gehen dann bewusster durch die Landschaft. Etwas Ähnliches ist mir auf dem Jakobsweg begegnet: Ich ging zu Fuss von meiner Pension zum Cap Finisterre. Als ich mich für den Heimweg in den Bus setzte, schloss ich die Augen, weil mir das Tempo zu hoch war. Ich finde es sehr leicht, schamanische Rituale in einem christlichen Kontext zu sehen. So finden sich in einer Messe Elemente indianischer Traditionen (so werden bestimmte Wege gelaufen, man geht nicht einfach quer durch den Raum) oder tantrischer Rituale (der „Wandlung" des Brotes zum Leib Christi entspricht im Tantra die Entpersonalisierung des Mannes zu Shiva und der Frau zu Shakti). Alle Rituale, die ich

vollziehe, sind für mich ein Gottesdienst, ein Dienst am Gott meines
Herzens.

4. Was sind die Vor- und Nachteile einer genderspezifischen Arbeitsweise?

Unsere Welt sehen wir durch eine duale Brille. Alles teilen wir auf
nach gut und bös, oder Mann und Frau und vergessen dabei die
Zwischentöne. Kein Mann ist zu 100 % Mann. Gewisse Männer ren-
nen da einem Phantom hinten nach. In der tantrischen Arbeit habe
ich erfahren, dass das Wiedertreffen der Männer und Frauen viel
intensiver und erfahrungsreicher ausfällt, wenn sich Männer und
Frauen zunächst in eigenen Zirkeln getroffen haben. Männer bekommen ihre Kraft zum Mann sein von andern Männern, und Frau-
en von andern Frauen. Ein Mann kann seine Männlichkeit nicht
dadurch stärken, dass er sich mit Frauen umgibt. Das fördert nur
seine weiblichen Anteile, und die geschlechtliche Spannung geht
verloren. Männerarbeit fördert die Polarität zwischen Männern und
Frauen.

Einen Nachteil sehe ich darin, dass sich das Verständnis für die Frau
verkleinern kann, wenn ein Mann seinen Fokus nur noch auf sein
eigenes Geschlecht legt. Es braucht auch geschlechterübergreifende
Arbeit.

Leider versuchen viele Männer ihre Männlichkeit in der Begegnung
mit der Frau zu stärken. Sie wenden sich mit einem Bedürfnis den
Frauen zu. Für eine Frau gibt es aber nicht Schlimmeres als einen
bedürftigen Mann. Das turnt sie komplett ab. Resonanzen entstehen
auf unterschiedliche Weise: Eine eher männliche Frau geht mit einem
eher weiblichen Mann in Resonanz. Der Mann hat in sich auch einen
weiblichen Kern. Ich habe beobachtet, dass Männer mit vielen weiblichen Eigenschaften oft mit Frauen zusammen sind, die gern Mo-
torrad fahren, ins Fussballstadion gehen oder Bier trinken.

Für mich ist die geschlechtliche Vereinigung von Mann und Frau ein
heiliger Moment, weil er die Polaritäten zusammenbringt und Duali-
tät auflöst. Da entsteht eine göttliche Vereinigung. Gott schuf den
Menschen bekanntlich als Mann und Frau, und in der Vereinigung
werden sie zum Ebenbild Gottes. Da sehe ich eine Parallele zwi-

schen einem tantrisches Vereinigungsritual und der christlichen Spiritualität.

10.4. Interview mit Stefan Gasser am 2.9.15

Stefan Gasser arbeitet als Männercoach und Leiter von Naturritualen für Männer

1.   Was verstehen Sie unter Ritualen?

Für mich ist ein Ritual eine Struktur, welche eine Gruppe von Menschen setzt, um sich einem bestimmten Anliegen widmen zu können. Die Struktur hat einen klaren Anfang und ein klares Ende. Während dieser Zeit bedarf es der Aufmerksamkeit aller Beteiligten. Für mich verträgt ein Ritual keine Zuschauer, denn dieses ist nicht etwas, das man für andere inszeniert, sondern es lebt davon, dass alle aktiv beteiligt sind.

Ein Ritual steht im Dienst eines Übergangs – das kann ein kleines Ritual zu Beginn des Tages sein, oder der Einstieg in ein Seminar nach dem lockeren Zusammensein bei Tisch. Ein Ritual macht man mit mehr als zwei oder drei Leuten. Ein Morgeneinstieg, den man für sich alleine macht, ist kein Ritual. Ein Ritual ist dazu da, eine bestimmte Symbolik zum Tragen zu bringen. Eine Waldgruppe betritt jedes Mal auf dieselbe Weise den Wald. In meinen Männerritualen dienen die vier Archetypen als Grundorientierung. Sie verkörpern eine bestimmte Energie: Im Zusammenhang mit dem König machen wir ein Fusswaschungsritual, um sich gegenseitig von den Wurzeln - sprich den Füssen - her zu würdigen. Dank eines Rituals kann man diese Energie gemeinsam erfahren. Nach einem Ritual ist es sinnvoll, über das Erlebte auszutauschen. Das ist dann zwar nicht mehr Teil des Rituals im engeren Sinn, aber es hilft, dass die gemachte Erfahrung weiter wirkt. Das Ritual soll mit seiner Struktur Schutz, Geborgenheit und Orientierung vermitteln.

2.   Welche Rituale helfen Menschen in der Midlife-Krise?

Die Midlife-Krise siedle ich sehr weit an - sie kann schon vor dem 30. oder auch erst nach 50. Lebensjahr kommen. Midlife nehme ich nicht unbedingt chronologisch, wenn auch für mich klar ist, dass eine Pubertätskrise noch keine Midlife-Krise ist. Sie bedeutet: Das Alte, das man bisher gelebt hat, trägt nicht mehr, und das Neue ist noch nicht greifbar. Ich würde die Midlife-Krise mit dem alten Initiationsbegriff des Zwischenraums beschreiben. Charakteristisch sind dafür Unzufriedenheit und innere Aufruhr.

Rituale helfen, sich irgendwo festzuhalten. Sie haben eine soziale Dimension, indem sie einem Menschen zeigen, dass es andere gibt, die zu ihm halten. Über ein Ritual kann man sich mit anderen verbunden fühlen. Es kommen immer wieder Männer, die sich unter Männern einsam fühlen. Gleichzeitig aber spüren sie, dass sie männliche Unterstützung brauchen. Die zweite Dimension ist die des Übergangs: Wer in einer Übergangssituation ist, soll erfahren, dass das normal ist. Als Mann unsicher zu sein, ist ein grosses Tabu. In uns steckt eine riesige Sehnsucht nach Orientierung und neuem Leben. Viele Rituale sind sehr alt. Sie zeugen davon, dass Menschen schon immer eine unterstützende Struktur bei Übergängen gebraucht haben.

Ich arbeite mit den Methoden Schwitzhütte und Visionssuche. Letzteres erstreckt sich über 12 Tage. Der Mann ist über vier Tage fastend mit sich allein in der Natur. Jeder Tag steht unter einem bestimmten Anliegen; einer ist dem Loslassen gewidmet. Wir empfehlen den Teilnehmenden, symbolisch etwas zu begraben. Bei dieser Gelegenheit haben Männer auch schon für sich selber ein Grab geschaufelt und darüber nachgedacht, wie sie einmal sterben wollen. Für den Übergang charakteristisch ist etwas, das nicht mehr trägt, und etwas, das neu geboren werden möchte: In der letzten Nacht wird empfohlen, am Feuer zu wachen und sich auf die Geburt des neuen Tages vorzubereiten. Dabei spüren die Männer dem nach, was im eigenen Leben neu werden möchte.

3. **Viele praktizierte Rituale stammen aus dem Schamanismus. Wie leicht können diese in die christliche Spiritualität integriert werden?**

Für mich ist wegleitend, was Carlo Zumstein, der Schamanismus in der Schweiz und der Mongolei praktiziert, sagt: Schamanismus sei in den Naturvölkern entstanden. Da gab es weder eine Doktrin, noch eine Konzeption, noch eine Schrift. Für ihn ist Schamanismus die Spiritualität nomadischer Völker. In der nomadischen Lebensweise fühlen sich die Menschen den Tieren und der ganzen Natur sehr nahe. Sie leben von dem, was die Erde hergibt. Heute interessieren sich sehr viele Leute bei uns für Schamanismus, weil wir trotz Sesshaftigkeit mittels virtueller Kommunikation und Mobilität nomadisch unterwegs sind. Christliche Spiritualität hat sich im Abendland entlang der Zivilisation entwickelt und strahlt heute eher Festigkeit aus; für die, die sich mit dem Christentum nicht mehr identifizieren, gar Starrheit.

Für mich als Mann und Christ ist die Inkarnation wegweisend; sie bedeutet, dass wir leiblich auf der Welt präsent sind. Das entspricht der Vorstellung, „Tempel des Heiligen Geistes" zu sein. Der Schamanismus ist für mich eine Methode, Inkarnation konkret werden zu lassen: In der Schwitzhütte beispielsweise bin ich körperlich gefragt. Da gibt es keinen Dualismus zwischen Körper und Geist, sondern diese bilden eine Einheit. Die Schwitzhütte ermöglicht Männern eine Grenzerfahrung. Auch mit Fasten kommen wir an Grenzen - draussen in der Natur umso mehr. Ich bin auf mich geworfen mit existentiellen Fragen wie: „Wer bin ich?" und „was kann ich?" Diese bringe ich als Theologe natürlich mit der christlichen Spiritualität in Verbindung. Die Spiritualität vom Nomadischen Unterwegs-Sein hat eine Verbindung zum „Volk Gottes unterwegs". Schamanismus sollte man nicht als Ideologie oder neue Religion missverstehen. Vielmehr geht es um wirksame Methoden und geistiges Unterwegs-Sein. Schamanismus passt gut zur Exodustradition, zu den Propheten und zu Jesus, die in der Wüste wesentliche spirituelle Erfahrungen gemacht haben. So hat Jesus nicht in der Synagoge gefastet, sondern in der Wüste.

**4.   Was sind die Vor- und Nachteile einer genderspezifi-
schen Arbeitsweise?**
Der Vorteil liegt darin, dass man als Mann unter Männern auf einen
geschützten Raum zählen kann. Das ist an den meisten andern Orten, an denen sich Männer treffen – etwa im Militär oder beim Sport
- nicht unbedingt der Fall. Wenn Männer dort etwas von sich zeigen,
werden sofort Sprüche gemacht.
Eine Gefahr könnte darin liegen, dass gewisse Männer das Weibliche
abwerten. Ein weiterer Nachteil: Die leibliche Präsenz der Frauen
fehlt in den Seminargruppen.

10.5. Interview mit Andreas Büchel, am 3.9.15

Andreas Büchel arbeitet als Spezialcoach für Männer, Mentor und
Leiter von Naturseminaren

1.   Was verstehen Sie unter Ritualen?
Ein Ritual hat einen Anfang, eine Mitte – ich sage dem Höhepunkt –,
und ein Ende. Ich verstehe darunter ganz alltägliche Dinge wie am
Morgen aufzustehen und Zähne zu putzen. Daneben gibt es auch
tiefere Ritualhandlungen wie die Messe oder ein Spaziergang im
Wald. Nach einem Ritual ist es wichtig, wieder bewusst aus der Situation herauszutreten. Das Leben besteht aus Ritualen, tagtäglich bin
ich auf Ritual, bewusst oder unbewusst.

2.   Welche Rituale helfen Menschen in der Midlife-Krise?
Ich kann nur davon reden, was mir in meiner Midlife-Krise geholfen
hat, die ich mit 39 Jahren durchgemacht habe. Ich bin katholisch er-
zogen worden und Ministrant gewesen. Das Kirchliche war aber an
einem gewissen Punkt für mich wie ausgetragen. Mit etwa 25 Jahren
hatte ich den Bezug dazu verloren. Ich bin zwar noch in die Kirche
gegangen, war aber nicht mehr so tief dabei. Ich habe nach etwas
gesucht, das mich im Leben weiter trägt. Einschneidend war für
mich, den Hoffman (Quadrinity) Prozess kennen zu lernen. Da bin
ich zum ersten Mal mit indianischen Ritualen in Verbindung ge-

kommen. Etwas später erlebte ich die erste Schwitzhütte und wurde davon richtiggehend gepackt.

Häufig suchen Männer in der Midlife-Krise Anschluss zu einem Männerkreis. Dort lernen sie das Schwitzhüttenritual kennen. Dieses ist ein gutes Fahrzeug, um zu spüren, wie sich das Leben in dem noch ungewohnten Raum anfühlt. Später kann eine Quest (Visionssuche) für den Mann ein Thema werden, um sich über mehrere Tage mit seinen Fragen auseinander zusetzen. Das bringt ihn mit dem in Kontakt, was für ihn wesentlich ist, und gibt Hinweise, wie er sein Leben weiter gestalten kann. Wichtig ist, dass man sich bei Bedarf in der Midlife-Krise auch psychologische Unterstützung holt. Wenn man sich in Rituale eingibt, muss man mit den Erkenntnissen daraus weiter arbeiten. Sonst besteht die Gefahr, dass man von einem Ritual zum andern springt und die Orientierung völlig verliert.

3.   Viele praktizierte Rituale stammen aus dem Schamanismus. Wie leicht können diese in die christliche Spiritualität integriert werden?

Das Wort Schamanismus ist bei mir ein rotes Tuch. Viele machen einen Kurs und nennen sich dann Schamanen. Ich aber bin als Katholik geboren und will nie ein Schamane werden.

Ich habe mich immer gefragt, wie sich indianische und christliche Rituale verbinden lassen. Mir ist aufgefallen, dass es viele Ähnlichkeiten zwischen diesen gibt: So zum Beispiel das Räuchern, die Wandlung und das Singen. Beide Traditionen bemühen sich darum, ein Ritual schön zu gestalten.

Das Wissen haben die roten Menschen aus Süd, Mittel- und Nordamerika uns Weissen weitergegeben; darin sehe ich ein grosses Geschenk. Das „Unser-Vater-Gebet" mit seiner Bitte „dein Wille geschehe, wie im Himmel so auf Erden" hat seine Parallele in der indianischen Mythologie, wo der Grundsatz gilt: „Wie oben so unten" - alles, was es im Himmel gibt, existiert auch auf der Erde. In der Cherokee- und Navajokultur gibt es zudem erleuchtete Meister, Akalohtah-hey genannt. Diesen entspricht in der christlichen Lehre Jesus, und in der buddhistischen Buddha. Dann gibt es die Traumlehrer, die Kachina-hey, sie sind vergleichbar mit den Erzengeln. Für mich entstammt dies alles dem gleichen Kern. Diese Quellen sind am gleichen Ort entstanden und in die ganze Welt hinausgetragen worden. Auch die Schwitzhütte ist eigentlich in Europa geboren worden. Durch Verschiebungen sind die Menschenrassen dann vor vielen Tausend Jahren auseinander getrieben worden und haben das Wissen dort weitergepflegt, wo sie hingekommen sind. Unsere Kultur hat die Schwitzhütte vergessen. Diese ist nun über Amerika wieder zurück zu uns gekommen. Gemäss der 20er-Erzählweise in der indianischen Mythologie ist zuerst Grossvater Sonne gewesen, dann Grossmutter Erde. Die beiden hätten sich verbunden. Daraus sind die Pflanzen, Tiere und Menschen entstanden. Die Zahl 20 steht für den Grossen Geist; ich sage einfach Herrgott. Es gibt also auch bei den indianischen Kulturen eine Schöpfungsgeschichte.

4. Was sind die Vor- und Nachteile einer genderspezifischen Arbeitsweise?

Ich kenne beides; Schwitzhütten mache ich häufig auch für Männer und Frauen gemeinsam. Dort wo ich meine Ausbildungen in indianischer Zeremonial-Medizin und schamanischer Heilarbeit gemacht habe, nahmen immer mehr Frauen als Männer daran teil. Dort wo Männer und Frauen zusammen sind, geht es meiner Erfahrung entsprechend bald einmal darum, wer denn der Platzhirsch sei. Es herrscht eine spürbar andere Kultur, wenn auch Frauen an einem Seminar mitmachen. Wenn man unter Männern ist, kann man sich besser auf die Themen konzentrieren, die Männer beschäftigen. Kommt eine Frau hinzu, kann es passieren, dass die ganze Energie abfliesst. Deshalb heisst mein Seminar-Angebot MÄNNER(t)RÄUME. Wo der Mann im Raum steht, können sich Dinge ereignen, die sich sonst nicht ergeben. Die Energie ausschliesslich unter Männern ermöglicht einen Heilprozess, welcher auch mir persönlich immer wieder gut tut. Das heilt mich in meiner Geschichte als Mann und stärkt mich.

Für das, was ich mit Männern in dieser Arbeit erreichen möchte, sehe ich keinen Nachteil darin, dass keine Frauen mit dabei sind.

Jack Silver ist Gründer und Leiter der Kriegerschule, Friedenweiler.

1. Was verstehen Sie unter Ritualen?

Ich verstehe darunter nicht ritualisierte Abläufe tagsüber, dass man aufsteht, Zähne putzt und sich anzieht. Rituale sind in der Regel Zusammenkünfte, obwohl man sie auch alleine machen kann. In einem Ritual ruft man die höheren Mächte an. Es soll klar sein, dass man nicht alleine ist. Schamanisch gehört zu einem Ritual eine Absicht. Man führt dieses durch, weil jemand krank ist und Heilung sucht, oder eine Frage hat und sich eine Antwort darauf erhofft. Beim Übergangsritual kommt es darauf an, dass man anerkennt, was gerade ist. Wir rufen Kräfte und bedanken uns zunächst bei ihnen. Wir betrachten den Menschen nicht als ein einzelnes Wesen, sondern als Teil eines Ganzen. Wir rufen nicht nur die feinstoffliche Welt, sondern auch die Kraft der Bäume, der Steine und der Tiere an.

2. Welche Rituale helfen Menschen in der Midlife-Krise?

Die Midlife-Krise ist eine Übergangszeit. Rituale sind besonders in Übergangszeiten sehr wichtig. Geburt, Pubertät und Tod sind die grossen Übergänge. Bei den Männern ist die Midlife-Krise die Zeit, wo man nicht mehr ganz sicher ist, ob alles so richtig ist, wie ich es sehe. In dieser Zeit verlassen die Kinder das Haus, viele Scheidungen und Trennungen kommen vor. Krise heisst für uns immer Chance. Sie ist kein Problem, sondern eine Gelegenheit. Man muss diese Krise aber anerkennen. Das Ritual, wie wir es durchführen, bedeutet, dass man in die Natur geht und zunächst zurückschaut: Man guckt an, was einem gelungen ist und erkennt, wo man Fehler gemacht hat. Oft geht es darum zu vergeben; auch sich selber zu vergeben, denn in einem Ritual kommt an den Tag, was ich verbockt habe. Es gilt aber auch positiv anzuerkennen, dass man es bis jetzt geschafft hat, sein Leben zu meistern. Das ganze Leben war eine Vorbereitung für den jetzigen Moment. Im mittleren Teil des Rituals gesteht man sich ein, dass es einem jetzt nicht gut geht. Auch dafür nimmt man sich Zeit. Ein Übergangsritual ist oftmals eine Nacht und ein Tag, manchmal besteht es sogar aus zwei oder drei Nächten und zwei Tagen. Dann spricht man von einer Visionssuche. Im dritten Teil wendet man sich der Zukunft zu und bittet um eine Vision oder einfach um Unterstützung. Es finden auch Gespräche zwischen Schamane und Ratsuchendem statt. Wir helfen dem Mann zu verstehen, was ihm in der Natur begegnet; etwa Tiere. Der Begleiter hilft die Botschaften zu entziffern. Wir geben mehr Feed-back als Ratschläge. Ratschläge kommen höchstens ganz am Ende. Wir sind schamanisch unterwegs; d.h. wir haben von den Indianern aber auch von den Kelten einiges gelernt und verbinden uns mit den tiefen, uralten Wurzeln der Spiritualität Mitteleuropas.

3. Viele praktizierte Rituale stammen aus dem Schamanismus. Wie leicht können diese in die christliche Spiritualität integriert werden?

Total leicht. Ich mache seit 25 Jahren nichts anderes. Viele Männer kommen zu mir, die in einer Kirchgemeinde engagiert sind. Sie kommen zu mir, weil sie keine Ratschläge und klugen Sprüche brauchen, sondern Verlangen haben nach wahrhaftigen Erfahrungen. Der Schamanismus ist keine Religion, sondern eher eine Philosophie oder Lebenseinstellung und versteht sich als etwas Ergänzendes. Wir machen die Schwitzhütte, wo man nackt mit dem Arsch auf dem Boden hockt und mit Mutter Erde in Verbindung ist. Das ist sehr elementar. Als Leiter der Rituale machen wir nichts für die Leute, sondern wir schaffen nur einen Raum, den sie dann für sich selber nützen. Für eine moderne Kirche, die nicht an den alten Dogmen hängt, könnte das durchaus ein mögliches Gefäss sein. Ich kann mir vorstellen, dass die Kirche selber solche Angebote macht, aber auch Kooperationen mit privaten Trägern sind denkbar. Wir haben in diesem Bereich einen klaren Erfahrungsvorsprung.

Zu uns gehört auch schon über zehn Jahre die Bruderschaft der Kraftstabträger („Söhne der Erde"). Männer treffen sich alle 14 Tage an verschiedenen Orten in Deutschland und führen Männergespräche, unterstützen sich und geben sich Feed-back. Das Schnitzen des Kraftstabs erfolgt im Rahmen eines Initiationsrituals. Wenn man im Internet nach Bruderschaften sucht, tauchen zunächst christliche

Gruppen auf; dasselbe ist der Fall, wenn man das Stichwort „Männerspiritualität" eingibt.

4. Was sind die Vor- und Nachteile einer genderspezifischen Arbeitsweise?

Der Vorteil ist klar, dass die Männer unter sich sind und sich freier fühlen. Wenn ich Männerkreise habe und eine Frau in der Peripherie vorbei läuft, dann verändert sich die Haltung der Männer sofort: Das Konkurrenzgehabe kommt auf, und es geht darum, wer besser, schöner und grösser ist. Im Männerkreis entfällt der Konkurrenzkampf. Man kann sich mit seinen Schwächen und Verletzungen zeigen. Vor Frauen macht man das in der Regel nicht.

Der Nachteil kann sein, dass sich daraus ein Gegeneinander entwickelt. Es kann ins Auge gehen, wenn man die Schuld für bestimmte Dinge beim andern Geschlecht sucht. Unserer Meinung nach hat sich jeder seine Erfahrung selber ausgesucht, auch wenn diese nicht schön ist. Sie ist dazu da, um daraus etwas zu lernen. Bei uns besteht das Agreement, dass in Männerkreisen nicht gegen Frauen und in Frauenkreisen nicht gegen Männer gesprochen wird. Uns geht es um die Balance zwischen Männlichem und Weiblichem. Für uns steht ausser Frage, dass jeder Mann auch eine weibliche Seite und jede Frau eine männliche hat. Uns geht es um den Frieden zwischen den Geschlechtern. Genderspezifische Arbeit kann in alle Richtungen gehen, es kommt darauf an, welches die Grundrichtung ist. Unsere Absicht ist Friede zwischen den Geschlechtern und Dienst gegenüber der Mutter Erde. Obwohl wir die Kriegerschule sind, machen wir Friedensarbeit.

10.7. Interview mit Michael Rodiger-Leupolz am 9.9.15

Michael Rodiger-Leupolz, Diplomtheologe, leitet das Männerreferat der Erzdiözese Freiburg.

1. Was verstehen Sie unter Ritualen?

Ein Ritual ist für mich geprägt von drei Stufen: Es hat einen bewussten Einstieg in einen Schwellenraum. Die zweite Stufe findet im

Schwellenraum statt: Da bewege ich mich und erfahre etwas. Aus dem Schwellenraum trete ich danach wieder hinaus in den Alltag, meist als veränderter Mensch. Christlich gedeutet geht es um ein Abschiednehmen, eine Grabeszeit, und dann wieder um ein Sich-Auferwecken-Lassen in das Leben zurück. Das kennzeichnet für mich ein Ritual, im Unterschied zu einfachen rituellen Handlungen im Alltag. Ein Ritual ist für mich ein heiliger Prozess, welcher sich nicht nur auf der Verstandesebene abspielt; Körper, Seele und Geist werden davon angerührt. Deshalb bedarf es dafür genügend Zeit und Ruhe, so dass der ganze Mensch daran beteiligt sein kann und in die Tiefe kommt. Das Ritual sollte an einem guten Ort stattfinden, mit Vorzug in der Natur. Das kommt den Männern entgegen. Wichtig dafür ist zudem eine gute Vorbereitung und dass es mit möglichst wenig Sprache auskommt.

2.   Welche Rituale helfen Menschen in der Midlife-Krise?

Uns ist vor allem das Ritual der Initiation ins Mann-sein wichtig. Ähnlich wie Richard Rohr sagen wir, es braucht diesen bewussten Schritt. Das kann natürlich auch schon das Leben an sich leisten, aber in den meisten Fällen bedarf es dieses bewussten Prozesses in der zweiten Lebenshälfte. Da ist es gut, wenn Männer sich dafür ein paar Tage Zeit nehmen und ihrem Leben nachspüren und sich fragen: Wo sind meine Lebenswunden, wo hat mich mein Leben herausgefordert, geprägt und eben initiiert? Das führt zu einem guten Stand in der zweiten Lebenshälfte; man kennt sich, mit seinen Schwächen und Wunden, die zu heiligen Wunden werden können. Es führt zum Bewusstsein des einzelnen, dass er nicht nur als perfekter Mann gefragt ist, sondern so in Ordnung ist wie er ist, auch mit seinen Macken. Dafür gibt es sehr schöne Rituale: Die Schwitzhütte, das Männerfeuer, eine Tauferneuerung, bei der man ins Wasser steigt und untertaucht, und dann eine Stille- oder Solozeit in der Natur verbringt. Nächstes Jahr werden wir eine Visionssuche anbieten. Dann haben wir die Woche „Mut und Kraft", eine Initiationswoche ins Mann-sein. Es geht darum, das falsche Selbst abzulegen, und dem wahren Selbst den Zugang zu ermöglichen. Es wäre wünschenswert, dass sich Männer schon mit 20 oder 25 Jahren auf einen solchen Prozess einliessen. Die Realität zeigt aber, dass sie dies erst tun, wenn sie in eine Krise kommen und aus der Leistungsphase herausfallen. Wünschenswert wäre auch, dass initiierte Männer junge Männer auf einen solchen Weg aufmerksam machten. Dann hätten wir mehr gestandene Männer, die sich auch weniger gewalttätig, aggressiv und gewinnmaximierend verhalten würden. Normalerweise kommen die Männer aber erst später, mit 35-40 Jahren zu uns. In diesem Alter stellen die Männer ihr Mann-sein, ihre Männerrolle in Frage. Dann bieten wir Seminare an zu Trennung und Scheidung oder Burn-out. Krisen bedeuten, sich einzugestehen, dass wir die Kontrolle verloren haben. Dies führt dazu, sich mit seinem Mann-sein auseinanderzusetzen.

3. Viele praktizierte Rituale stammen aus dem Schamanismus. Wie leicht können diese in die christliche Spiritualität integriert werden?

Wir werden von konservativen Christen immer wieder mit der Frage konfrontiert, warum wir diese schamanischen Naturvölkerrituale anbieten. Wir sind aber überzeugt, dass der Reichtum aus diesen Kulturen sehr wohl nützlich für unsere christliche Arbeit ist, weil dort Tiefenschichten angesprochen werden, die für unseren Glauben sehr wertvoll sind. Da haben wir vom Männerreferat keine Berührungsängste. Wir machen damit sehr gute Erfahrungen. Auch Männer, die nicht aus einem engen christlichen Raum kommen, erfahren hier eine spirituelle Weite, in die sie hineinwachsen können; das wäre weniger der Fall, wenn wir nur typisch katholische Rituale verwenden würden. Aber auch diese haben ihren Platz: Wir gestalten Rituale mit Wasser, Weihrauch, und Salz und führen auch Salbungen durch. Alles hat zum Ziel, den Männern die daran teilnehmen, eine Tiefenerfahrung, eine Gotteserfahrung zu ermöglichen. Eine Schwitzhütte, eine Medizinwanderung in der Natur oder eine Visionssuche sind hervorragende Hilfsmittel dazu. Wir sind der Meinung, dass es eine grosse Ähnlichkeit zwischen Ritualen und Sakramenten gibt.

4. Was sind die Vor- und Nachteile einer genderspezifischen Arbeitsweise?

Genderspezifische Arbeit hat eine unheimliche Kraft, die immer wieder spürbar ist, sobald ein Männerkreis zusammensitzt. Es entsteht ein heiliger Raum, wo vieles möglich wird, was in einem gemischtgeschlechtlichen Raum schwieriger zu erreichen ist. Da entsteht etwas von Lust, sich zu zeigen, von Echtheit und Authentizität, von Lust, zur Sache zu kommen und nicht um den heissen Brei herum zu reden. Es entsteht eine Vertrautheit unter einander als Brüder, und Konkurrenzdenken zerbröselt regelrecht. So entstehen Heilige Räume für Männer, wenn sie sich darauf einlassen. Meine Erfahrung ist, dass dies dem partnerschaftlichen Austausch gegenüber Frauen keinen Abbruch tut. Es ist sowohl für die Frauen wie auch für die Männer ein Gewinn, dass es diese besonderen Zeiten und Räume gibt. Ich kann nicht wahrnehmen, dass dies zu einer Verhärtung gegenüber Frauen, bzw. zu einer Abschottung führt. Wir sind noch weit davon entfernt, dass man sagen müsste, es gibt zu viel genderspezifische Arbeit. Als Nachteil könnte sich herausstellen, wenn in einer falschen Weise Gruppen- oder Genderegoismen gepflegt würden. Eine parteiliche Arbeit streben wir zwar an, aber verstehen diese nicht als Abgrenzung gegenüber dem andern Geschlecht. Männerarbeit ist ein heilsamer Prozess, der Männer von innen heraus heilt; sie ist aber auch ein heilsamer Prozess für die Gesamtgesellschaft und die Pfarrgemeinde: Menschen werden stark, toleranter und können sich besser in andere einfühlen.